還暦からの人生戦略

JN110424

佐藤　優

青春新書
INTELLIGENCE

まえがき

２０２０年1月18日、私は還暦を迎えた。それから1年と少したって、生活に変化が起きたことを実感する。

第1に、しばらく連絡が途切れていた高校時代の友人と会ったり、電話で話したりすることが増えた。民間企業に勤めた人や学校教師になった人は60歳で定年になる。その後、1年更新で再雇用され、65歳まで働くという人がほとんどだ。

再雇用になると賃金が少なくなるという心構えは、誰もができていた。しかし、「実際に収入が減ることで受ける心理的ダメージがこんなに大きいとは思わなかった」と皆が異口同音に言う。特に、大企業の事業本部長や部長で年収１５００万円程度だったという人が、再雇用で年収３００万～５００万円になったときの衝撃は大きいようだ。

「佐藤、再雇用になり3カ月経って気づいたんだけど、貯金が目減りしていく。こうして少しずつ自分の貯えを切り崩していくのが今後の人生なのかと思うと、何とも形容しがたい不安に陥る」と言われた。

高校教師だった友人からは、「講師として週5回勤務すると、教えている内容は変わらないのに、給与は現役時代の6割、週4回だと4割になる。それと、担任を持たないので生徒との関係が稀薄になり、寂しい」という話を聞いた。

問題は収入減少だけではない。「会社の元部下たちから、仕事上の相談をされることがなくなった」「向こうから挨拶してくる人が減り、いつも自分から挨拶するようになった。自分が一段階低く見られるようになった気がする」という不満もよく聞く。

組織には組織独自の文化があり、そこには人事評価も含まれる。会社、役所、学校はいずれも現役を中心に回っているため、定年後に再雇用されている人は、いわば準構成員のような扱いだ。それまで組織の中心で活躍していた人ほど、そのような環境に置かれることに耐えられない。

本書で私が提示する処方箋は、そのような環境で強く生き残っていくためのものだ。それには、できるだけ早い時期に周囲が決める他律的評価で生きることをやめ、自律的価値観を持つことが重要だ。

その点で、宗教を信じ教団に所属していると、職場とは別の価値観を持つことができる。私は日本基督教団（日本におけるプロテスタントの最大教派）に属するキリスト教徒だが、60歳になってから教会に所属していることのありがたみを再認識している。

ちなみに私の教会は、コロナ禍でリアルに集まることを停止し、Ｚｏｏｍで日曜礼拝を行っているが、それでも教会共同体はきちんと維持されている。

宗教である必要はないが、還暦からの人生で折れずに生きるうえでは、趣味の会や小中高校の同窓生の集まり、大学時代のサークル仲間など、職場以外の居場所を確保することが必要だと思う。

第2は健康だ。還暦をすぎるとほとんどの人はどこかに身体の不調を抱えている。私の場合は慢性腎臓病が進行し、末期腎不全の状態になっている。いずれ人工透析が視界に入ってくると思う。しかし、これは気分の持ちようで、人工透析がなかったひと昔前なら末期腎不全になれば尿毒症で完全に死んでいた。

私は猫を7匹飼っているが、そのうちの1匹が最近、腎不全で死んだ。老衰もあったが、猫に人工透析が可能ならまだまだ生きることができただろう。人間に人工透析があることのありがたさを皮膚感覚で実感した。人工透析によって伸びるであろう寿命を、自分と社会のために極力有益に使いたいと思う。

私は職業作家なので、書くことで世の中に貢献する（同時に自分と家族の糊口をしのいでいる）。拙著『宗教改革の物語』（角川ソフィア文庫）に記したが、50歳になったときにはやりたいことが100くらいあった。あれから10年経って、やりたいことを10くらいに絞り込まなければならなくなり、人生の持ち時間がいよいよ限られてきたことを実感する。

幸い私はキリスト教徒で、神学生時代から死について繰り返し考察してきた。だから死に対して、ある種の耐性がある。また外交官時代は、ソ連崩壊前後に命の危機を感じる経験も何度かした。そのせいか、死自体を怖いとは感じていない。

それよりも、残された人生をいかに充実してすごすかということに関心がある。本書では、控えめな形ではあるが、私の死生観についても記した。読者にも参考になる内容があるかもしれない。

第3は家族との関係だ。大多数のビジネスパーソンの場合、日中は家を空けて仕事をしていることになっているが、還暦後は男が家にいる時間が長くなる。特に再雇用期間が終わった65歳以降は、常に家にいることになる。その場合、配偶者とのいさかいが生じることが少なからずある。それを避けるための具体的なノウハウも本書に記した。

家族に関しては、既に孫がいる人、子どもが大学や大学院に通っていて多大な財政支援を続けなくてはならない人、子どもがいない人、あるいはシングルで還暦後の生活をすごさなくてはならない人などさまざまだ。これらすべてのケースについて網羅的な処方箋を示すことはできないが、お金の使い方、取り分けの仕方については詳しく記した。各人の状況に応じて臨機応変に活用してほしい。

私のお金に対する姿勢は、還暦後の投資や起業を促すビジネス書が氾濫しているなかでは消極的だ。というのも、還暦以後の人生は基本的に撤退戦だと私は考えている。旧日本陸軍のマニュアル本だった『統帥綱領』（最高幹部用）、『作戦要務令』（中堅幹部用）でも、撤退のときに戦線を拡大するという発想はない。私は定石に従ったアドバイスをしているつもりだ。

還暦後も20年以上の人生がある。余生かもしれないが、それを楽しく充実した形ですごしたいと多くの人が思っているはずだ。同時に、自分が生きていたことの意味を、小さな形でいいから歴史に刻み込みたいと思っている人も少なからずいる。

イエス・キリストは「隣人を自分のように愛しなさい」（『マタイによる福音書』22章39節）と述べた。それには、まず自分自身を愛することだ。そのうえで、自分を愛するのと同じ気持ちで、他者に何らかの具体的奉仕を見返りを求めずに行うことが重要だと思う。一人ひとりの小さな勇気と善意の集積が、コロナ禍で閉塞した状況に置かれている日本を着実に善い方向に変化させていくと私は信じている。

本書を上梓するにあたってはフリーランスの編集者である本間大樹氏、青春出版社の岩橋陽二氏にお世話になりました。どうもありがとうございます。

2021年5月10日、曙橋（東京都新宿区）の仕事場にて

佐藤優

還暦からの人生戦略――目次

第1章
還暦からの「孤独」と「不安」

第2章
還暦からの人間関係とメンタル

第3章 還暦からの働くことの意味

第4章

還暦からのお金とのつき合い方

第5章 還暦からの学びと教養

第6章 還暦からの死との向き合い方

付録

池上彰×佐藤優

リタイア後、「悪くない仕事人生だった」と言えるかどうか

企画協力　本間大樹
帯・本文写真　坂本禎久
本文DTP　佐藤純（アスラン編集スタジオ）

第1章

還暦からの「孤独」と「不安」

環境の激変を受け入れる力

60歳をすぎてからのビジネスパーソンは、大きく2つの精神的な問題と向き合うことになります。それは環境の変化によって生じる不安感と孤独感の2つです。

還暦を迎えると、ほとんどのビジネスパーソンは仕事の環境が激変し、それに伴って家庭環境も変化します。この変化にしっかり向き合っていかないと、不安感と孤独感というマイナスの感情が蓄積し、いつの間にか人生が悪い方向に進んでしまいかねません。

だいたい55歳になるころ、多くの企業では役職定年があります。そこから一般職となり数年後に定年を迎え、さらに希望すれば再雇用、というのが一般的な流れでしょうか。ちなみに２０２１年４月から施行される改正高年齢者雇用安定法によって、70歳までの就業確保が各企業の努力義務とされるようになりました。

仕事を続ける環境が整うのはいいのですが、問題は役職定年以降、給与が激減してしまうことです。そして、組織内での立場や地位も一気に低くなります。

55歳を超えれば、誰もがどこかで一線を退くことになる。そのことをしっかり認識して、50代から準備や心構えができている人もいます。役職がなくなり一般職になっても、多くのビジネスパーソンは上手に頭を切りかえて組織で上手くやっているものです。

ただし、頭ではわかっていても、気持ちが追いついていないという人もいます。特に大企業の部長クラスで年収1000万円、1500万円だった人などはそのギャップが大きく、現実を受け入れることが難しい。

会社によって多少違いますが、役職定年で一般職になると給与はだいたい7割から6割ほどになってしまう。さらに定年を迎えて再雇用になると、さらにその7割から6割に落ちます。つまり役職がついていたころの半分以下になるわけです。

再雇用で月収が20万円程度しかもらえなくなったというケースもあると聞きました。年収250万円ほどで、役職についていたころの5分の1、6分の1です。

それでも無収入よりマシだと考えることができるでしょうか？　割り切れるなら問題はありませんが、実はこれがなかなか難しい。こんなにも自分の価値は低いのかと落ち込んだり、すっかりやる気や自信を失ってしまったりする人は少なくないでしょう。

頭ではわかっていても、現実として収入が減っていくことの不安は深刻です。

私の知っているある同年代のビジネスパーソンは、60歳をすぎて貯蓄がみるみる減ることに不安を通り越して恐怖を覚えたと語っていました。収入が減る、貯えが減る心細さがダイレクトに生存の危機、恐怖心につながるわけです。

若いころからキャリア上の挫折や転職などの経験をしてきた人は、まだ免疫があるかもしれません。ひとつの会社でそつなく仕事をこなし、順調に部長クラスまで行った人ほど役職定年以降の環境の変化がきつく感じるかもしれません。

環境の変化、特に収入の激減が不安となってのしかかってくるのが60代です。

再雇用社員の立ち位置を自覚する

社内の地位や立場が変わることは、人間関係に想像以上の変化をもたらします。それまで机はオフィスの奥にデンと構えていたのが、島の端っこの小さな机に追いやられてしまう。それ以外でも、ちょっとしたことが気になりだします。

「あれ？　そういえば最近あいつ、オレに会っても自分から挨拶してこなくなったな」あるときふと気づくのです。以前は向こうの方から笑顔で「おはようございます」と言ってきたのに、最近はどうやら自分の方から声をかけてばかりいる。

部下の方としてはそんな気持ちはないのかもしれません。若い人たちは自分の仕事で手一杯。悪気はないとしても、かつての上司といえども昔と同じようにていねいに対応できないこともあるでしょう。ただ、それがひどく屈辱的に感じてしまう。

でも考えてみてください。そんなあなたも、若いころは会社に居続ける年輩の社員に同じような対応をしてはいませんでしたか？

自分だけが不条理な思いをしているわけではなく、順番が来ただけなんだと考えれば少しは納得できるかもしれません。それまで第一線で陣頭指揮をとって頑張ってきたような人ほど、かつてのプライドが邪魔をして現実を受け入れることが難しいようです。

一度こうしたひがみとひねくれのスパイラルに入り込んでしまうと、以後の人生をずっと負のスパイラルのなかで生きることになりかねません。

どうして自分ばかりがこんな不条理な目にあうのか。被害者意識にとらわれると心が頑なになり、いわゆる偏屈者、頑固者になってしまいます。するとますます周囲の人が離れていくという悪循環です。

ある企業の人事担当者が漏らしていたのですが、60歳をすぎた再雇用の社員が若い社員にきつく当たり、周囲のスタッフから総スカンを食らった。

当事者の話をいろいろ聞いて調査したところ、60歳すぎの社員の言うことはたしかに正論で、若いスタッフの仕事の仕方に問題があったことは間違いない。本人は若い人の成長のために、組織や会社のためにアドバイスをしてあげたつもりなのでしょう。しかし若手からしたら、ひどいことを言われた、または意地悪をされたように感じてしまうのです。

若い人たちにすれば、60歳をすぎた古参兵は存在自体がすでにプレッシャー。直属の上司であればある程度は尊重し我慢するでしょうが、役職定年した人、再雇用された人からのお説教は、もはや単なるパワハラのようなものです。

言っていることに正当性があるとか、若い人が聞く耳を持たないとかいうことではなく、まずその構造に気づく必要がある。

よかれと思ってしたことが裏目に出て、ますます意固地になって関係がこじれてしまう。すると疎外感から被害者意識を抱き、周囲から孤立してしまう危険があるのです。

なぜ男性は孤立しがちなのか

還暦前後は家庭環境も変わります。子どもがいる人はすでに手を離れて、結婚して孫ができている人もいるでしょう。再就職してもそれほど長時間労働をすることはなくなるでしょうから、家で奥さんと二人きりですごす時間が以前より増えることになります。

これまで仕事中心で家庭を顧みなかった男性の場合、あらためて妻や家庭と向き合う必要がある。厳しいビジネス社会から退いて精神的に楽になるかと思いきや、実は家こそがプレッシャーやストレスを感じる場だった……。そんな人が少なくありません。

それを避けるには、できるだけ早くから妻や子どもとの関係を深めておく。できれば仕事が忙しい40代、50代からこのことを意識して行動するべきです。

実は私自身、結婚を一回失敗しています。当時はあまりにも仕事中心で家庭を顧みなかった。だからこそ、今はできる限り家族との時間を大切にしています。作家という、出社する必要のない職業であることもそれができる大きな要因です。

多くのビジネスパーソンは会社に出勤し、昼間はほとんど家にいません。妻としても夫が家にいないことを前提に生活していたわけで、「今さらどう向き合えばいいのか、困ってしまう」というのが本音のようです。

実際、今回のコロナ禍で夫が在宅勤務になり、妻が精神的にも肉体的にも疲れきってしまうというケースがあるようです。一方の夫の方も家にいることを窮屈に感じ、ストレスを感じてしまう。特に、60代の男性は家庭で浮いたり孤立したりしがちです。

平日の図書館に行くと、高齢者の人たちがたくさんいます。向学の気持ちを持ち続けるのはとてもいいことですが、妻に煙たがられ、家に居づらくなった60代以降の男性が行く場所のひとつが、近所の図書館でもあるのです。

そこでは最近、困った問題が起きているとか。ある人の家の近くにある図書館には、警備員が配されるようになったそうです。なぜだかわかるでしょうか？　図書館を訪れる60

代以上の高齢者同士のケンカが増えていて、それを抑えるためだというのです。

家から逃れるかのように図書館を訪れる高齢の男性たちが、一番で朝刊を読むために朝刊争奪戦を行っている。あるいは席取り合戦。静かな図書館に、われ先にと競う高齢者の怒号が響きわたるという、なんともシュールな光景が繰り広げられるのだそうです。

もう10年以上前、作家の藤原智美さんが『暴走老人！』という小説を書いて話題を呼びましたが、そのままの世界が今や日常のそこかしこに見られるようになっています。

同書でも描かれているように、現代のストレスに満ちた社会のなかで、抑圧されたシルバーの人たちが感情を爆発させてしまう。図書館などの公共施設や病院で、そんな高齢者が増えているようです。それも裏を返すと、本来の自分の居場所、拠点を失ってしまった不安感や孤独感が背後にあるのかもしれません。

50代までの生き方をシフトチェンジする

孤独感と不安感――。この2つは、60代以降の人たちを襲う危険な心の落とし穴です。高齢になるほど、誰しもこの気持ちが強くなります。それは肉体的に衰え、社会的な役割が変化する世代の宿命でもあります。

ただし、この2つとしっかり向き合い、上手に自分をコントロールして第二の人生を楽しむ人もいます。反対に、この2つに押しつぶされてしまったり、あえて目を背けてエキセントリックな行動に走ってしまったりする人もいます。

なぜそうなるのか？　結局、意識と行動のシフトチェンジができずに、還暦以前までの生き方と価値観をそのまま引きずってしまうことが大きいのでしょう。

過去の自分がどんなに華々しく勢いがあったとしても、それはあくまでも過去の話。今の自分と自分が置かれた立場や環境をしっかり見すえる。そのうえで、過去とは違った価値観で、違った生き方をする必要があります。

これを言い換えるなら、「リセット」という言葉がふさわしい。それまでのものを一度リセットして、新たな気持ちと視点で人生を再スタートするのです。

私自身は、その価値観と人生の転換＝リセットの時期がほかの人よりも早く来たという感覚があります。それはご存じの通り、2000年に背任と偽計業務妨害という容疑で逮捕され、512日間勾留されたあと、裁判で7年間争って外務省を失職したことが契機となりました。

それまでの外交官という職業を離れ、作家として第二のスタートを切ることになったとき、自分のなかで一度いろんなものをリセットしたのだと思います。リセットせざるを得ない状況でもありました。もし、それが上手くできていなかったら、わが身に降りかかった不遇や世の不条理をいつまでも嘆いたり、恨んだりして、負のスパイラルに陥っていたでしょう。そうなっていたら、今の私はなかったはずです。

私の場合はイレギュラーなケースですが、一般的には60歳、還暦を迎える前後で価値観と人生のシフトチェンジが求められます。

50代までは会社や組織のなかで評価されるように仕事で成果をあげ、しかるべき地位や役職を目指す。ビジネス社会の価値観で、いかに自分の力を発揮するかが目標でした。厳しい競争原理が働く環境で勝ち抜くために、がむしゃらに突っ走っていたことでしょう。60代からは、ビジネス社会の価値観と競争原理から外れたところで自分の人生を再構築するわけですが、通常この転換は50歳になるくらいから次第に目の前に迫ってきます。

拙書『50代からの人生戦略』は、そんな人たちに向けて書きました。60歳で上手に人生の再スタートを切るには、50代からの準備が不可欠だという内容です。

今回は、いよいよその還暦を迎えた人たちが、どんな心構えを持ち、現実的にどう対応すべきなのか。人生の最終コーナーを上手に回って、自分の人生のゴールを納得できる形で迎えるためには何が大事なのか？　一緒に考えていきたいと思います。

私自身、まえがきでもお話ししたように２０２０年１月に還暦を迎えました。まさに同世代の人たちと問題を共有したいということでもあります。

肉体と健康に完璧を求めない

「リセット」というのは、言い換えると「捨てること」であり、「あきらめ」や「諦観」に近いものかもしれません。

それまでの自分が積み上げてきたものを一度白紙に戻す。言葉で言うのは簡単ですが、実践するのはなかなか難しい。人間は、自分のこれまで置かれてきた環境にどうしても固執してしまうからです。

先ほど例をあげた職場の人間関係にしても、自分が上司であった過去に固執すれば、不満や怒りがわいて周囲と軋轢《あつれき》が生まれる。過去の収入や地位に固執すれば、それより低い自分に納得ができなくなる。家での自分の立場にこだわれば、家族から煙たがられる。

仏教では執着こそがすべての苦しみの根源であるとして、その克服を説きます。執着を完全に断ち切ることは難しいにしても、過去の自分や、「かくあるべし」というこだわりや執着からはある程度離れて、身軽になる必要があります。

もちろん、若いころは欲望や願望を叶えるため、競争に勝ち抜くためにいろいろなものにこだわり、執着することが原動力だったことでしょう。しかし、60歳をすぎて同じように執着していたら、現実との埋めがたいギャップに苦しむだけです。

たとえば肉体の衰えもそのひとつ。どんなに鍛えたからといって、20代や30代のころの自分には戻れません。肉体は確実に衰え、いろいろなところにガタがくることを受け入れ、上手につき合っていく必要があります。

実は、私自身の肉体にも危険信号が点滅しています。腎臓の機能が以前から低下していたのですが、最近はクレアチニンの値がかなり高くなっています。

クレアチニンについては健康診断の項目にもあるのでご存じの方もいると思いますが、正常値は男性の場合で0・6〜1・2㎎／dℓのところ、私の場合は4㎎／dℓ以上。腎機能は基本的に加齢とともに衰え、よくなることはないとされているので、このままいけばそう遠くない時点で人工透析が必要になるでしょう。

いわば爆弾を抱えたような体ですが、今さら嘆いたり暗くなったりしても仕方ありません。人工透析にかかる時間や労力などを今から頭に描き、私自身の余命を冷静に考えて、仕事や生活、家族との時間のすごし方を考えています。

こういう問題には感情に流されず、淡々と向き合うのが一番です。どうすればできる限り残り時間を増やせるか？　有意義に時間を使えるか？　冷静に見極める必要があります。

これも、自分の肉体や健康に対する一種の諦観のようなものだと言ってもいいかもしれません。さらに言うなら、私自身はプロテスタントのキリスト教徒であり、すべては神によって定められていると信じています。やるべきことをやったらあとは神に委ねるという宗教的な意識が、私の人生観の根本にあるのです。

身の回りの状況が大きく変化していく場面で、いつまでもこれまでの自分にこだわり、執着していては、周囲から孤立して不安をどんどん深めていくことになりかねません。

リセットすること。そして新たな価値観と視点で人生のゴールに向けて再スタートを切る気持ちが大事だと思います。

〝港に引き揚げてきた船〟のイメージで

再スタートといっても、還暦からのスタートは未知なる世界に飛び出していくような華々しいものではない。もはや、あえて新しい冒険をするような年齢ではありません。人生を航海にたとえるなら、還暦とはすでに遠洋航海を終えて港に戻ってくるころでしょうか。

嵐や荒波を乗り越え、母港に戻って錨《いかり》を下ろす。自分を安定させたうえで、その錨の遊びの範囲で残りの人生を充実させるのが還暦以降のイメージかもしれません。

その錨は何かといえば、自分がこれまで歩んできたなかで培った経験値や人生観のようなものでしょう。それがしっかり自分自身を固定してくれるからこそ、力を抜いて波間に漂うことができる。

自分なりの考え方、ものの見方、すなわち「哲学」が確立されているか？　これがないと、せっかく港に戻ってきてもフワフワと波間を漂い、あらぬ方向に流されかねません。確固とした考えを持つために必要なものについては、次章以降で詳しくお話しします。

漂うのではなくしっかり腰を落ち着ける。自分の行動範囲や興味、人間関係などをある程度限定したうえで、残りの人生を有意義なものにする。

もちろん、「自分は還暦をすぎても若いころと同じように挑戦と冒険の人生を送りたい」という人もいるでしょう。ただ、その場合はよほど余裕と馬力がないと難しい。

たとえば、船体が大きく燃料をたくさん積んでいる大型クルーズ船でなければ、日が暮れかけてから外洋を目指してはいけない。つまり、よほど腕に自信があり、人脈もお金もあるという人でなければ、60歳をすぎてからの起業などはやめておくべきです。

退職金という大きなお金を手にすると、新たな事業を始めたくなる気持ちも理解できます。ですが、体力も精神力も若いころに比べて劣るうえに、この厳しい環境で事業を成功させるにはかなりの才覚が求められます。還暦から新たに事業を始めて成功する確率など、ほぼゼロに等しいと心得ておきましょう。

いい意味で背負った荷物を下ろし、肩の力を抜いて楽に生きる。還暦以降の人生を豊かにできるかどうかのポイントです。

新自由主義的な傾向はさらに強化される

60歳になったら「守りを強くする」ことをおすすめします。それまでは攻めに徹していたような人でも、還暦を迎えてからは人生の守りを固めることが大事になる。

私自身も、こうして活動を続けながら60歳を迎え、最近はずいぶん仕事を限定するようになりました。出版社でも編集者でも、これまで関係を築いて気心が知れた人たちを中心に仕事を回していく。あえて新たな関係を広げようという気持ちはほとんどなくなりました。広く浅くではなく、狭く深くという感じでしょうか。

仕事も生活も限定して力をできるだけ集中し、省エネを図る。そして小さくてもいいからしっかり自分の陣地を築き、強固なシェルターをつくる。多少の嵐がきても、厄災が襲ってきても、自分と自分の家族だけは守れるようにしておく。そんなイメージが60代以降は大事だと考えています。

少し前から、世の中全体に「生活保守主義」が広がっていることを指摘してきました。その傾向は今後ますます強まると見ています。

2020年9月に安倍晋三首相が健康上の理由で退陣したあと、菅義偉さんが自民党総裁に選出され、第99代総理大臣となりました。就任当初はソフトなイメージで人気がありましたが、私はさらに世の中は厳しい競争社会になり、生活保守主義がますます強まると見ました。

菅首相は小泉内閣のとき、竹中平蔵総務大臣の下で総務副大臣として総務省の内部統制の責任者として活躍した人物です。その流れでポスト小泉としての安倍さんを支え、二度の安倍内閣発足に関わる。そして第二次安倍内閣で内閣官房長官の要職につき、ついに総理大臣にまで上りつめました。

小泉さんと安倍さんという、新自由主義の系譜を引き継ぎ、その実務の中核をずっと担ってきた人です。名参謀として内閣や党の事情に通じ、その情報を使って政治力を発揮してきた。気がつけば、今や自民党で最も力のある政治家と言えるかもしれません。

こういうタイプの政治家は、ある意味で一番怖いかもしれません。小泉さん、安倍さんがロマンチスト型の政治家であるのに対して、菅首相はバリバリの実務派。淡々と目的のために邁進する。菅さんが総理大臣になったことで、小泉―安倍ラインの新自由主義的な傾向がいっそう強まり、社会はいっそう二極化が進むと予想されます。

そのような背景によって、とにかく派手な生活を避け、無駄な出費を抑え、むやみな挑戦や冒険をしないという生活保守主義が国民の間でより強くなるでしょう。

「マイナスのミニマム化」が目標

特に新型コロナによって、その傾向に拍車がかかりました。帝国データバンクの調べによれば、2021年5月7日の時点で新型コロナ関連倒産件数は1413件。2020年度の実質GDPは前年比5・2%減となる見込み（第一生命経済研究所レポート、2020年12月8日号）です。

ワクチンができても変異種によって第4波、第5波と感染拡大が続いていく可能性もあります。倒産が増え、失業者が増えれば経済的な混乱が広がる可能性もあります。私自身、日本の経済と社会の状態は、あるときある閾値《いきち》を超えたら一気に大崩れしかねないほどのダメージがたまっていると考えています。

先が見えないこの状況下では、新しいことに挑戦するのはあまりにリスクが高い。置かれた時代や年齢にふさわしい生き方というものがあります。この時代に還暦を迎えた人、あるいはこれから迎える人は、これまでの同世代以上に、守りに徹する必要があります。

具体的に言うなら、支出をできる限り少なくしマイナスをできる限り減らしていく。60歳以降はどうしても収入が減り、貯えを切り崩していかざるを得ません。手元のお金が増えないとしても、減るスピードを極力遅くすることはできます。

マイナスをなくすことが不可能だとすれば、その度合いを少なくするということに力点を置く。つまり「マイナスのミニマム化」です。それこそが現実的な生き方戦略だと言えるのではないでしょうか。少なくとも、そう考えるとずいぶん気持ちが楽になります。

究極の省エネ生活ということですが、動物でいえば極力動かないナマケモノの生存戦略に近い。彼らは動かないことで基礎代謝を減らし、エネルギー消費を極力抑えて生存するという逆転の発想で、これまでずっと生き延びてきたわけです。

コロナによって明らかになった新たな価値

新型コロナによって、そんな生き方が十分に可能であることを私たちは図らずも発見しました。緊急事態宣言が発令されて飲食店が営業を控え、ビジネスパーソンの多くが夜の街に飲みに出歩かなくなった。

休みの日も外に出歩かない。旅行もしないばかりか、買い物すらネットですませてしまう。じっと家にいて、ネットで映画を見たりリモートでやりとりしたりする毎日……。

その意味で、今の世の中には実に便利なものがたくさんあります。YouTubeには無料で楽しめるコンテンツがたくさんありますし、NETFLIXやAmazonプライム、Huluなどの有料コンテンツも、月1000円くらいでさまざまな動画が見放題です。

昔から比べたらはるかに安い値段で、自宅でたくさんのコンテンツを見ることができる。こんなに便利な時代はないと言っていいでしょう。楽しもうと思えばいくらでも、しかもお金をさほどかけずに楽しめます。

あとはZoomなどのミーティングツールを使うことで、離れた相手と顔を見ながら会話をすることができます。仕事はもちろん、これらのリモートツールによってプライベートのコミュニケーションも変わってきました。

特に60代の人にとって、遠く離れて住んでいる子どもや孫の顔を見ながら話ができる。外に出られない今のご時世、救世主的なツールだと言ってもいいでしょう。

コロナがなかったら、おそらく動画サービスやリモートツールのよさに気づかなかった人が多かったはずです。新型コロナは、こうしたツールの価値を明らかにしました。

ネットを活用できない60代は窮地に陥る

これからの人が60代以降を迎えるうえで重要になってくるのが、意外にもこうしたリモートツールやネット環境への対応力、順応力なのです。それにネットツールを使いこなせると、コミュニケーションの幅が一気に広がります。それによって人間関係をより円滑にすることができる。

今の若い人はテレビではなく、ＹｏｕＴｕｂｅやＮＥＴＦＬＩＸ、Ａｍａｚｏｎプライムなどを見ています。子どもや孫と話をする際の共通の話題、話のネタをそこから見出すことができるでしょう。

たとえば今はやりのアニメやドラマをチェックしてみる。『鬼滅の刃』とか『愛の不時着』などを見れば、それがそのまま共通の話題となり、妻や子ども、孫たちと話ができるようになります。

今の60代以上の人たちは、これらの環境に順応できている人と、まったく苦手な人の２つに大きく分かれているようです。難なく順応し自由にこれらを使いこなせる人がいる一方、ネットどころかパソコンも満足に使えない人もいます。新たな格差として、このパソコン、ネット環境に対する順応性がクローズアップされてくるでしょう。

趣味や娯楽の分野だけであればまだいいですが、今後は銀行や行政とのやりとりなど、生活のさまざまな場面でネットへの対応が必須になってきます。この分野で先行する韓国の事例が『韓国 行き過ぎた資本主義』（金敬哲、講談社現代新書）で紹介されていますが、ネットを使えない高齢者が高速バスの切符を買うためにわざわざ行列したり、銀行でお金を引き出すのに高額の手数料をとられたりしているそうです。

ネットを活用できる人は生活が便利になり、情報をたくさん集めて周囲とのコミュニケーションを深めることができます。それによって不安や孤独をいやし、ストレスを発散することができる。反対に、活用できない人は経済的に不利益を被り、コミュニケーション不足から不安感や孤独感がどんどん積み重なっていく——。

こうした傾向は、これからより顕著になってくるでしょう。

積極的に消極主義を推し進める

自粛生活では、気がつくとお金をほとんど使わないで暮らせていたことに驚いた人も多いでしょう。「これ以上、節約なんて無理」と考えていた人も、新型コロナのおかげでもっと切り詰められると知った。それなりにでも生活できること、楽しめることに気がついたのです。

おそらくこの経験は、新型コロナが収束したあとも生活に影響を及ぼすはずです。それが、厳しい時代に還暦を迎える人の〝ナマケモノ戦略〟のヒントになると考えます。

60代以降は現実をよりリアルに見極めることが必要になる。社会も経済も、いろいろな意味で厳しい時代に突入します。今後も少子高齢化が加速する日本では、経済が縮小するのを止めることはもはや難しいでしょう。そのなかで、中流層は減少し二極化がさらに進むことになります。

正直なところ、明るい話題より暗い話が多くなりそうです。とはいえ、そこから目をそらすのではなく、しっかり見すえていくことが大事です。

生活保守主義を徹底しながら、守りを固める。そのなかで新しい生活の仕方や人間関係のあり方を模索する。守りを徹底するのは、必ずしも消極的に生きるということではありません。しっかり守るためには、新しい価値観や生活を前向きに受け入れる姿勢も欠かせない。つまり、「積極的消極主義」とでも呼ぶべきフロンティア精神が必要なのです。

以下の章では、人間関係から働き方、お金や教養まで、具体的に還暦からの人生の送り方を考えていきたいと思います。

第2章

還暦からの人間関係とメンタル

人間関係は「コミュニティ」に移行する

還暦後は人間関係をどのように考え、つくり上げていくか。前章でも触れたように、還暦を境にさまざまな環境が変わるなかで、人間関係も大きく変わってきます。

まず大きな流れとして、属する共同体のウェイトが変わります。共同体には、大きくコミュニティとアソシエーションの2つがあります。コミュニティとは、家族や親族などの血縁と地域の人たちなど地縁に基づく集まり。公立の小中学校時代からの友人たちとのつき合いもコミュニティの一種でしょう。

一方のアソシエーションとは、ある目的に沿って自発的につくられる結社のようなもの。宗教団体や政治結社、会社やNPOなどもアソシエーション。大学もアソシエーション的です。

社会に出てから還暦までは、アソシエーションの比重が大きかった。ところが還暦を境にしてコミュニティの比重が再び高くなります。会社の人間関係から、家族や友人、地域住民との人間関係に比重が移ってくる。

意識的にこの移行をスムーズに行うために、できれば50代の早いうちから家族や友人とのつき合いを深め、準備をしておくことが望ましい。ところが、わかっていてもなかなか上手くできない人が多いようです。

内館牧子さんの小説に『終わった人』というものがあります。映画にもなったので知っている人も多いでしょう。東大を出て銀行に勤めた主人公は50代でラインから外され、やがて定年を迎えます。いざ退職してみると、自分の周りに仕事以外の人間関係がないことに愕然とする。

新たに自分の居場所を探すのですが、アソシエーションにどっぷりつかっていた主人公は、意識と行動を切り替えるのにとても苦労します。誰もが程度の差はあれ、同じような苦労をするのではないでしょうか。特にそれまで会社のなかでひたすら頑張ってきた男性ビジネスパーソンほど、このギャップに苦しむようです。

アソシエーションからコミュニティへ。属する共同体の比重が変わることを、まずはしっかり意識しなければなりません。

職場の人間関係には「引いた目線」を持つ

そんな大きな流れの変化をふまえたうえで、職場や家庭、友人などの人間関係について個別に考えてみましょう。

職場に関して言えば、過去の肩書や立場、人間関係は一度リセットし、新たな意識と価値観で仕事に臨む必要があることはすでに述べました。具体的には、「引いた目線で見ること」と、「邪魔をしないこと」の2つがポイントになります。

「引いた目線で見る」とは、仕事や組織に対して少し距離を置き、当事者というよりは部外者としてのスタンスで会社と向き合うことです。

劇のキャスティングにたとえるなら、役職定年後は会社のなかでの脇役か、さらに言えばエキストラのようなもの。主役や準主役を張っていたのは役職定年前までの話であり、どんなに劇に思い入れがあったとしても、脇役やエキストラが主役のように自己主張していたら劇自体が成り立ちません。

脇役は主役が輝くような演技を心がける。前に前に出るのではなく、一歩下がった演技をする。それには全体を見渡して今の状況がどうなっているか、自分がそこで何を求められているのかをしっかり認識する必要があります。

役職定年した人や再雇用者に求められるのは、このような「引いた目線」です。前章で紹介した、再雇用後に若手社員に厳しく接した人物などは、格好の失敗事例でしょう。すでに脇役であるにもかかわらず、主役を張っていた時代と同じ感覚で若い人に接してしまったわけです。

そうなると、もはや「老害」です。残念ながら組織にとっては邪魔な存在であり、一刻も早く引退していただきたい、ということになる。

彼らが仕事をしやすいように、サポート役に徹するのが基本スタンスです。そして若い人が何かアドバイスや助けを求めてきたら、初めて自分の経験と知識に基づいて応える。組織の中心から少し離れたところで全体を見まわし、若い人が見落としがちな部分をフォローしてあげることが大切になります。

「引いた目線」を持ち、若い人たちの「邪魔をしない」。還暦後の社内の人間関係を築くうえでの第一のポイントです。

若い人を育てるという意識を強くする

役職を離れるということは責任から離れることでもあります。それによってモチベーションはどうしても下がってしまいますが、逆に精神的に楽な気持ちで目の前の仕事に取り組むこともできます。

ただし、一般職になったからといって、会社から何も期待されていないわけではありませせん。知り合いのある上場会社の役員から聞いた話ですが、役職定年以降はできるだけ元の部署に配属させる。かつての部下が上司となり、その下で働くことにもなるのですが、これは嫌がらせでも何でもなく、むしろその働きに期待しているからこそ、このような人事になるのだそうです。

会社としてもお金を払って雇用している限りは、できる限り戦力として活用したい。それには今までのキャリアとスキルが生きる場所で仕事をしてもらった方がいい。

端的に言えば、会社は役職定年後の人たちに若い人を教育してほしいと考えている。曲がりなりにも30年以上のキャリアがあり、それによって蓄積された経験がある。それを後進に残してほしい、伝えてほしいという狙いがあるのです。

それならもっと厚遇すべきだという議論は、ひとまず置いておきましょう。いずれにしても、役職定年後にもそれなりに会社から期待されている役割があるということです。

それをしっかり認識して社内の人間関係をつくり上げていく必要がある。上から目線で「教育してやる」ということではなく、先ほどお話ししたように、若い人が求めてきたらそれに応じて適切なアドバイスをしてあげる。

若い人たちの仕事を見守りながら、自分は一歩引いて裏方としてサポートする。そんな仕事の進め方、人間関係が求められます。

なにげない言動がパワハラ認定されることも

先ほどのある会社の役員が言っていたのは、実は〝ちょっとした話し方の違い〟が印象を左右するということです。

拒絶される人は、上から目線で高圧的な話し方をしている人が多い。さすがに若い上司に対しては一応気を使うものの、一般職の社員に対してはかつて上司だったころとまったく変わらない言葉を使ったりするのだとか。

今の60代以上の世代には、ぞんざいな言葉使いをしたり、相手を軽く貶《おとし》めたりするのはむしろ親愛の証しだと考えている人がけっこういます。役職を離れてもその意識のままで若い社員に接していると、パワハラ、いじめを受けているように感じる若い社員も出てきます。

皮肉やイヤミな言い回しをすることは論外です。組織内で重要視されなくなった疎外感からか、このような不快な言葉を周囲に投げかける人物がいるようです。しかし、その結果は本人の評価がどんどん下がるだけ。周囲は不快になって自分も損をする。何ひとつプラスになることはありません。

私が外務省に入省したころは、新人に対する上司や先輩からのしごき、パワハラと思える言動などが当たり前のようにありました。当時は、あえて新人にきつく当たることで、その後の過酷な外務省の仕事に耐えられるかどうか、適性があるかどうかを本人に見極めさせる意味もあったのだと思います。

外務省での仕事は、能力もさることながら本人に適性がなければまず長続きしません。早いうちにふるいにかける方がその後の本人のためになる、という考え方だったのでしょう。さすがに現在はそんな風潮はないかと思いますが、今よりはずっと厳しい上司や先輩が多かったように思います。

そんななかで一人、部下全員を「さん」づけで呼ぶ上司がいました。新人に対しても「さん」をつける。すべての人に対して一定の距離を保ち、誰に対しても紳士的かつフラットな態度で接する人でした。

言葉使いがていねいできれいな人は、それがそのまま思考や行動に表れるものです。この方は外務省のなかで私が最も尊敬できる人物であり、仕事ができ人格も素晴らしい、信頼のおける上司でした。

コミュニケーションにおける言葉使いには、細心の注意を払うべきです。たとえ正しいことを言っているとしても、言い方を間違えていればまったくの逆効果であり、煙たがられやがてスポイルされてしまうでしょう。

急にていねいな言葉使いに変えるのが不自然だとすれば、少しだけ言葉に気をつけるようにしてみましょう。「ああ、けっこう気を使ってくれているんだな」と若い社員が感じれば、それだけであなたに対する印象は違ったものになるはずです。

一周して学生時代のつき合いに戻る

還暦を迎えると、職場以外の人間関係も変わってきます。

一番は学生時代の仲間たちとの関係です。これは拙書『50代からの人生戦略』でも触れたことですが、50代以降に増えるのが同窓会です。ここから、学生時代の関係は特に大事にすべきです。率先して参加し、旧交を復活させましょう。

これまで疎遠だった場合、最初はおっくうに感じるかもしれませんが、参加してみると意外にすんなり昔に戻り、打ち解けられることが多いようです。

40代くらいまでの同窓会では、結婚して子どもが何人いる、家を買った、大きな会社で活躍している、あるいは経営者になっているなど、話題は「いかに人生が上手くいっているか」という自慢話が中心。そんな状況に辟易した人は、同窓会から自然と足が遠のいていたことでしょう。
ところが50歳も半ばをすぎると、ほとんどの人は自分の先が見えてきています。まして還暦をすぎてしまえば、仕事上でも一線から外れた人がほとんどになります。すると、昔のように自慢でマウントをとろうとする人は少なくなります。

健康の話にしても、仕事の話にしてもどこか諦観や達観を含んでおり、むしろ自虐的な不健康自慢、不遇自慢になる。そんななかでは、なおもギラギラと自分の成功話ばかりをしようとする人物は浮いてしまいます。

還暦とは干支が一周して元に戻るという意味ですが、まさに人生が一回りして、再び昔の仲間たちとの素朴なつき合いを求めるようになるのです。

昔の友人が各分野のスペシャリストに

日々の暮らしを安心して送るうえで、「自助」「公助」「共助」の3つが大切になると言われます。特にこれからの老後では、地域や近隣で互いに助け合う「共助」の重要性が大きくなるでしょう。

その意味で、学生時代の仲間の存在は大きい。利害関係のない青春時代に、同じ空間、同じ時代を共有してきた友人は、何十年たっても昔の感覚のままつき合うことができる貴重な存在。まさに気の置けない仲間です。

しかも、社会で長年の経験を積んできていますから、それぞれの業種、職種でスペシャリストになっていることが多い。そういう人たちの助けが、還暦以降の人生では大きな力となるのです。

たとえば保険会社に勤めていた友人であれば、自分の入っている保険が適正かどうか、これから入るとしたらどんな保険が適切か相談できます。

意外にも、自分が加入している保険に関してしっかり把握していない人が多くいます。そんな状況で営業パーソンから保険の見直しなどをすすめられ、かえって損をしてしまうというケースが後を絶ちません。こんなとき、昔の友人に保険業界で働いていた人物などがいれば、こちらの側に立った親身なアドバイスをしてくれます。

あるいは不動産関連の仕事をしていた友人なら、持ち家の購入や売却に関して有利な情報を教えてくれるかもしれません。医者や弁護士がいればそれこそ心強い。いざというとき、同級生のよしみで優先的に相談に乗ってくれる可能性があります。

下手に異業種交流会などで人脈を広げるよりはるかに簡単に、強固なつながりを持つことができるのが昔の仲間、同窓なのです。

昔ながらの関係とはいえ、それぞれが自立した大人として、新しい関係を築く。特に学生のころは少し悪かったりした人物が、意外に社会に出て真面目に働いてひとかどの人物になっていたりする。

数十年を経てお互い成長した形で縁を再び結ぶことができるのは、人生の妙味、醍醐味《だいごみ》と言えるのかもしれません。

「同好の士」は意外なところにいる

還暦後に雇用形態が変わり、週4日、あるいは3日勤務になる人もいます。会社にいなくてもいい時間が増えたら、その時間を使ってリタイア後につながる新たな人間関係を築くのもいいでしょう。

先の同窓会のつながりもそうですが、会社とは別の人間関係をつくる。そうした新しい人間関係をつくるきっかけになるのが趣味です。趣味のサークルなどに参加すれば、そこで新たな仲間をつくることができます。

勉強会のようなものもいいかもしれません。歴史や民俗などに興味があれば地域の歴史をテーマにした講演会や勉強会に参加してみる。そこで同好の人や講師などと知り合いになり、交流を深めることができれば、知識も増え、また仲間も増えるので一石二鳥です。

今、地方の各大学や自治体、図書館などでも市民講座のようなものを開いているところがたくさんあります。地方によっては地元の新聞社が大きな力を持っていて、独自の講座を開いているところもあります。土日を中心にプログラムされているものも多く、勤めている人でも参加しやすい。

地域のことを学ぶという意味では、ユネスコが認定するジオパークも面白い。地形から見たその土地の成り立ちから生活、文化までトータルで学ぶ講習があり、それらを学ぶと地域ガイドなどの資格がもらえるというシステムです。

参加者には引退したシルバー世代の人もいますが、20代、30代といった若い人もたくさんいて、講習会や勉強会に参加するだけでも刺激になります。

ビジネス社会にいるうちは、利害を超えた関係をつくるのはなかなか難しい。還暦後は社会の一線を退くからこそ、このような趣味や同好の仲間のような、利害を離れた関係を再び結ぶことができる。新しい人間関係をつくるうえで注意しなければならないのは、過去の自分の肩書や経歴をひけらかさないこと。セミナーや勉強会で最初に自己紹介するとき、過去に自分がやってきたことを延々と話し始める人がいます。本人は昔の自分を少しでも知ってほしいのでしょうが、逆効果です。

他人の経歴自慢を面白がって聞いてくれる人はまずいません。逆に、過去の肩書や栄光にとらわれている人物、プライドが高くて面倒な人物として敬遠されるのがオチです。経歴はサラッと話すにとどめましょう。

地域とつながる「共助」の重要性

家の近所の人たち、地域住民の人たちとの関係も還暦をすぎたあたりから変わってきます。家にいる時間が長くなる分、地域の人たちとつき合う時間も長くなります。勤めていたときはほとんどつき合いのなかった人たちとも、新たにご近所としてつき合う機会が増えるでしょう。

ただし、この状況は都会と地方とでは事情が異なります。都会のマンション生活では、リタイアしたといってても両隣とのつき合いはほとんどないというケースも多いようです。これが地方都市になると戸建てに住んでいる人が多く、町内会や自治会などの活動も盛んなため近所とのつき合いも多くなる。集会や掃除、草刈りなどの共同作業もあって、〝顔なじみ〟が増えてきます。

高齢化社会に向けて、自助、公助、共助の3つの助けが必要であることは前述しましたが、そのバランスを見直さなければなりません。自治会活動などで地域住民同士でのコミュニケーションをとるのは「共助」の最たるものであり、還暦後の新たな人間関係のひとつ。できるだけ町内会などにも積極的に参加して人間関係を広げておきましょう。

特に、これから急激に進む少子高齢化によって、国による「公助」が国民の期待に応えられなくなることは容易に想像できる。自助には限界があるとなると、共助が大きなウェイトを占めるようになることは必至です。

最近は気象が極端に振れるようになってきており、それによってこれからは自然災害も増えてくるでしょう。すると、地域住民間のコミュニケーションや協力がいっそう重要になってきます。地震や水害などの自然の脅威にさらされたとき、隣近所の協力があるのとないのとでは雲泥の差です。

「避難行動要支援者」という言葉を聞いたことがあるでしょうか？　２０１３年に内閣府が防災対策として策定したもので、災害時に緊急避難する場合、高齢者や障害者、幼児などの周囲の助けが必要になる人たちをリストアップし、避難時に支援する体制を整えようというものです。

このなかで、支援に関しては市民団体やボランティア、地域住民などによる共助がカギになると明示されています。60代の人は要支援者に該当しない人が多いと思いますが、親が存命であれば要支援者になっている人が多いのではないでしょうか。

また、ゆくゆくは自分も要支援者となることを考えると、やはり共助に対する意識を今から高め、準備しておく必要があると考えます。

〝距離感〟にまつわる夫婦間のギャップ

家族の関係も、還暦を迎えるとひとつの区切り、新しい段階に入ります。子どもはすでに独立、結婚していて家を出ているという人が多いでしょう。

60代半ばまでに完全リタイアするという人もいて、いよいよパートナーと二人の老後生活が始まる。あるいは親の面倒を見ながら、という形かもしれません。

いずれにしても、リタイアしてパートナーと家にいる時間が長くなることで、新たな問題が生じてきます。

新型コロナで在宅勤務が増え、図らずも夫婦のあり方が問い直されることになりました。一時期、外出できないストレスなどから、パートナーのDV被害にあうケースが増えているという報道があったのは記憶に新しいと思います。

夫がずっと家にいるストレスで精神的に参ってしまい、うつ病になる妻が増えているという報道もありました。

そうしたニュースからすれば、少し意外な調査結果もあります。明治安田生命保険が行ったアンケート調査によると、コロナの影響で「夫婦の仲がよくなった」と答えたのは19・6%。逆に「悪くなった」と答えたのは6・1%でした。よくなったと答えた人が、悪くなったと答えた人の3倍以上という結果になったのです。

仲がよくなったと感じるのは、在宅勤務が増え、夫婦間のコミュニケーションが増えたことが原因のひとつのようです。一方で、一緒にいることで息が詰まりそうになる、相手のイヤな部分が見えて幻滅するなど、一緒にいることがマイナスに働くケースもある。

この調査は、20代から50代の夫婦に行われたものです。60代の夫婦は対象外だったようですが、おそらく歳を重ねた夫婦ほど、「仲がよくなった」という比率は少なくなるのではないかと考えられます。男性ビジネスパーソンの場合、50代までは仕事に集中して家庭をないがしろにしてきた、という人はかなり多いはずです。

お互い相手への感情はすっかり冷めきっていて、

「それぞれの領域で、なるべくお互いが向き合わないように暮らしたい」

「今さらパートナーと顔を突き合わせて生活するなんて面倒……」

という夫婦も少なくないようです。

別の調査では、コロナ禍での「夫婦の距離感」についての設問に、男性は「一緒にいたい」と答えたのが56・2％と過半数だったのに対し、逆に女性は「一定時間は離れていたい」と答えた人が53・0％で過半数という結果に。

男性と女性の間で意識の差が見られました。家事の負担が女性にかかることが多く、男性と一緒にいると女性の家庭内の仕事が増えることが関係していると考えられます。

これまで夫は日中家を留守にしていて、その間、妻の方は夫のことを気にせず自由な時間を確保できた。それが前提で夫婦関係も家庭も成り立っていたという現実がある。

コロナ禍で、図らずも全世代の夫婦の問題として表面化しました。60代以降の夫婦にとっては、これからお互い顔を突き合わせて生活していくには、あらためて関係性を築いていく必要があります。

パートナーとはあえて距離を置く

前著『50代からの人生戦略』では、早めに夫婦の関係、家族との関係を再構築すべきだと指摘しました。

残念ながら60代になって、あらためて冷めきった関係を何とかしようと焦っても、ときすでに遅しという感があります。それまで続いていた夫婦の関係性や習慣を、60歳をすぎてからガラッと変えるというのはかなり難しいことです。

そういう場合、親密な夫婦関係を取り戻そうとするよりも、むしろお互いがある程度距離を保ちつつ生活する形にする方が上手くいくでしょう。先ほど紹介したアンケートでも、女性の方は過半数が「一定時間は離れていたい」と答えていました。手のかかる夫、何かと気を使う夫の存在から離れ、のびのびと自由にすごす時間を女性は求めているのです。

これは男性にとっても同じことでしょう。妻の目を離れ、気を抜いてすごす時間がやはりある程度必要なはずです。リタイアして突然、親密さを見せて関係性を改善しようとしても無理がある。長続きしません。

お互いがお互いの目から離れる時間と場所を確保すること。これが60代以降の夫婦円満の秘訣です。もちろん日ごろのコミュニケーションは必須ですが、同時に適切な距離感があることも大切なのです。

お互いの距離を保つという意味で、もし自営だったり再雇用で70歳まで仕事ができる環境があったりするのなら、続けることが賢明です。リタイアしたとしても、ちょっとしたアルバイトなどをして家から極力離れる。お金のためというより、夫婦が互いに別の時間を持てるようにするためです。

いい夫婦関係を保つには、家庭から離れた自分だけの時間と空間を確保することがポイントです。むしろ女性の方がいざとなるとそういう場を確保するのが上手だと言えます。経済的に許されるのであれば、近くにワンルームマンションを借りることをおすすめします。もちろんパートナーの同意を得たうえで、家以外の自分の場所を確保するわけです。昼の間はそこで本を読んだり、趣味のことをしたりする。

子どものころ押し入れに入って自分の世界をつくったのと同じように、自分の隠れ家、秘密基地的な場所をつくるようなもの。ただし、夕食時になったら家に戻って一緒に食事をする。そしてしっかりコミュニケーションを取ることは必要です。

ビジネスパーソンとして働いていたころと同じような生活サイクルを、擬似的につくるということでもあります。

少し探せば、築年数がたったマンションを安く借りることができるでしょう。都心に住む人であれば、電車で30分、40分くらい離れた場所で探す。意外に家賃がグッと安い地域があります。月に数万、それで夫婦の関係が上手くいくのであれば検討する価値はある。

男性の場合、「浮気の疑いをかけられる」と尻込みする人もいるでしょう。そうであれば、妻に合いカギを渡していつでも部屋に来られるようにしておけばいい。

会社勤めを続けていたビジネスパーソンの場合、こうしたことが特に重要になります。

自営業の夫婦ははじめから仕事も生活も一緒なので、顔を突き合わせていることが習慣化されている。夫婦が協力し合って仕事や生活をするスタイルに慣れている人は、あえてこのようなことを考えなくてもよいのかもしれません。

というのも、やはり30年も40年も続けてきた会社勤めの生活パターンによって、意識も考え方も行動もひとつの型ができ上がっている。一朝一夕でそれを崩すことは難しいです。無理してずっと一緒にいるより、お互いが自分の時間と場を確保することが、還暦以降の夫婦関係を上手く保つために大事になると考えます。

増加している熟年離婚の背景とは

厚生労働省の調べによると、離婚件数は2002年の28万9836件をピークに減少し、2019年は20万8489件となっています。

ところがこれを同居期間別に見ると、20年未満の夫婦の離婚件数がほぼ横ばいであるのに対し、20年以上の熟年夫婦の離婚件数は徐々に増加しています。2019年には4万件を超え、全体の5分の1にまで増えています。

それまで妻は離婚をしたとき国民年金分しかもらえませんでしたが、2007年の年金制度改正によって、原則として夫の厚生年金の半分をもらえるようになったことが転機となりました。さらに、熟年離婚に対する世間の認知度が高まったということもあります。なにより女性の意識が大きく変わってきた。

女性の平均寿命は90歳に達しようとしています。還暦から約30年、長い老後を夫の面倒や夫の両親の介護に費やすなんてまっぴらごめん、というわけです。

夫婦関係は冷めきっていても、子どもがいるうちは我慢して主婦を続ける。夫が定年退職して退職金が出てはじめて、たまりにたまったうっぷんを晴らすように離婚を突きつける。男性にとってはショックですが、熟年離婚のおなじみのパターンです。

ただし、女性が我慢を強いられてきた団塊世代から年齢が下がってくるにしたがって、従来とは違うパターンも出てきているようです。

妻の方が自由奔放で外を飛び回っているため、男性は自分の生活をすべて自分でこなさなければならず、しかも親の面倒も自分が見なければならない。「何のために妻と一緒にいるのかわからない……」という男性もいそうです。

自分勝手な妻とはとても老後を一緒にすごす自信がない。しかるべきお金と財産を分与して、男性の方から離婚を切り出すというケースもあるとか。長く続く人生の残り時間、お互いが精神的に追い詰められながらすごすくらいなら、離婚するというのもひとつの選択肢でしょう。また、ＤＶがある場合は理屈抜きで別れるべきです。暴力は「癖」ですから治りません。そして必ずエスカレートしていく。高じて刃傷《にんじょう》沙汰、殺人事件という最悪の結果に行き着く怖れすらあります。

あとは、相手をもう生理的に受けつけなくなってしまった場合。男性より女性の方がそう感じるケースが多いようです。一緒にいるだけで虫唾《むしず》が走るとか、触られるとゾッとするなど、生理的嫌悪感を覚える相手とはとうてい一緒に居続けることはできません。ズルズルと関係を続けてお互いが憎しみの連鎖に陥って疲弊するより、スパッと決着をつけた方がお互いのためです。

そして、いざ離婚という場合は下手に感情を挟まずに淡々と行うのが鉄則です。今は相談までなら無料という弁護士事務所もたくさんあります。まずは自分一人で考え込まず、そうした機関や専門家に相談することをおすすめします。

離婚はあくまで最終手段と考える

離婚に関しては、まず離婚の条件と離婚したあとの生活がどうなるのかをしっかりシミュレーションすることが重要です。

まずはお互いの資産がどこにどれだけあるかをしっかり確認しておく。そのうえでどう配分して、どれくらいが自分の所有になるのかをシミュレーションするのです。

お金や資産を配分したのちにどれだけが自分の手元に残るのか？　老後の居住はどうするのか？　家を売るのかあるいはどちらかがそのまま居続けるのか？　その場合の財産分与はどうするのか？　年金はどれくらい自分のものになるか……？

これらのシミュレーションを行って、自分一人で老後を乗りきれるのかどうかを判断する必要があります。その際には、専門家の助けが大きな力になる。離婚調停に慣れた弁護士に依頼すれば、基本的なことは試算してアドバイスしてくれるはずです。

さらに離婚理由が相手の浮気やＤＶである場合、慰謝料をどれくらいとることが可能かといった判断もしてくれます。そのうえで協議離婚を目指し、上手くいかない場合は家庭裁判所での離婚調停、さらにそれでも解決しない場合は離婚裁判という手順になります。

できるだけ労力を使わずにするには協議離婚での決着が理想ですが、その際も感情的にならないように処理するのがポイント。多少お金はかかっても、弁護士に一任すればスムーズに話を進めることができます。

ただし、離婚はあくまでやむを得ない場合の最終手段です。できるなら還暦から最後までの人生の締めくくりを、それまで共に苦労してきたパートナーと送ることができたらと、多くの人が考えるのではないでしょうか。誰しも一度や二度は離婚を考える瞬間があるはずです。しかし、心のどこかに相手に対する気持ちがまだ残っているのであれば、炭を熾《おこ》すように、もう一度関係を修復してみるのも大いに検討に値します。

それができるためには、日ごろからお互いが相手を思いやる気持ちでコミュニケーションをとることが大事です。若いころはケンカばかりしていた夫婦が、晩年になってから周囲が驚くほど仲よくなるというケースもあります。人生の締めくくりにそのような関係になれれば理想的です。

人生それぞれ、夫婦の形もそれぞれです。お互いが少しでも幸せに近づくことができるよう、賢明な判断と選択、行動が肝要です。

結婚のそもそもの意義は生活防衛

多くはないかもしれませんが、還暦をすぎてから結婚、再婚するというケースもあります。お互いが独身、あるいは結婚歴があっても子どもがなくシングルになった場合であれば、結婚も大いにありでしょう。

ただし、どちらか、あるいは両方に子どもがいる場合は大いに慎重になるべきです。結婚するときにお互いの財産がどれだけあるかで、子どもたちの相続にダイレクトに響きます。結婚は自分たちだけの意志で成立しますが、それによってあとあと子どもとの関係が悪化する可能性があるのです。

よほど慎重にやらないと夫婦関係も親子関係も壊してしまい、老後の人生が台無しになってしまう可能性すらあります。

また、どちらかに介護すべき親がいる場合、どちらがどうやって面倒を見るかという問題もあります。これは聞いた話ですが、高齢になって結婚相談所で相手を探す人のなかには、自分の親の介護などを任せたいがために登録している人もいるそうです。介護を外部のサービスに頼んだらそれなりにお金がかかりますが、結婚してパートナーに任せてしまえばお金がかからない。そんなあざとい人物もいるので要注意です。

子どもたちや周囲の人と相談して、お互いの人間性と関係性、生活環境をしっかり確認し、周りの人たちのコンセンサスを得たうえで結婚すべきでしょう。

還暦以降の結婚は、恋愛感情だけで突っ走ると必ず失敗します。若いころのような甘いものではありえません。お互いの生活を一緒に守っていく生活防衛が第一の目的です。

結婚において、お互いの恋愛感情を第一に尊重するという「恋愛至上主義」は、終戦以降のサラリーマン社会、核家族時代の特殊な結婚観です。それ以前、はるかに長く続いてきた結婚は生活や家系、土地や財産を守ることが第一目的でした。

恋愛感情などは二の次で、だからお見合いや許嫁《いいなずけ》などの習慣がありました。昔の農家の嫁は器量がいいとか、恋愛感情がどうというより、健康でしっかり働けるかどうか、家を守ることができるかが重視されたのです。

今の社会において、昔の結婚観はそのまま受け入れられるものではありません。ただし、結婚が生活防衛であるという本質は、昔も今も変わりません。

むしろ、右肩下がりの経済下で社会の二極化が進む時代、再び結婚における生活防衛の意味合いは高まっていると考えます。

ましてそれが還暦以降の結婚ということになれば、親の介護の問題、自分たちの老後と介護の問題など、生活防衛こそ第一であると、きっぱりと目的を定めた方が上手くいきます。その方が、お互いにとってよい結婚になる可能性がはるかに高い。

結婚とは一種の生活共同体であり、互助システムです。逆に言うならば、互いに信頼関係があり、助け合って生きていくということならば、結婚という形にとらわれる必要もないということ。

近くに住んでいる者同士であれば、籍を入れず、行き来しながらコミュニケーションをとり、いざというときに助け合うという形もありうる。心強さと安心感を持つことができる関係として、結婚だけが選択肢ではないということです。

ますます深刻になる「老老介護」の問題

60代以降の人たちが直面する大きな問題に、親の介護があります。厚生労働省の「2019年国民生活基礎調査」によると、家に要介護者がいる世帯のうち、65歳以上の高齢者世帯は全体の62・9%に及んでいます。

75歳以上の要介護者などを75歳以上の配偶者が介護する、いわゆる「老老介護」が33・1%と家族介護の約3分の1を占めているのです。

そのなかで、介護者が精神的疲労からうつ病などの心の病にかかったり、介護者による虐待や暴力、殺人事件なども起こったりしています。これは、親思いで真面目な人ほどリスクが高いようです。親を施設に入れることに罪悪感を覚え、「親の面倒は子どもが最後まで見なければならない」という考えを手放すことができないのです。

一生懸命にやるほど思うようにいかない状況に、突然ストレスや怒りが爆発してしまう。それが自分に向かえばうつ病になってしまい、相手に向かえば暴言や虐待につながってしまう。真面目な人ほど、それによってさらに自分を責めてしまうという悪循環に陥ってしまいます。

介護に関しては自分で抱え込まないこと。介護サービスをできるだけ活用して負担を分散し、自分の負担を減らすことが一番です。

その点、日本の介護保険制度はよくできています。詳細は次章で述べますが、これを上手に利用することで金銭的にも精神的にも負担を軽くすることができます。

自分の親が要介護の状態になってしまったら、まずは各自治体に設置されている「地域包括支援センター」に相談する。保健師や社会福祉士、ケアマネージャーなどが配置され、介護はもちろん、高齢者の医療や保健などさまざまな領域の関係機関と連携して、高齢者の幅広い生活問題に対応しています。

原則として各市区町村に一カ所は置かれており、介護が必要な本人が居住している市町村のウェブサイトなどで探すことができます。

介護保険制度では高齢者の体の状態や認知症の有無によって「自立、要支援、要介護」の三段階があり、それに応じて受けられるサービスが定められています。

認定に沿って、これらのサービスを最大限に利用することを考えましょう。そのなかで、ケアマネージャーは介護の心強い相談相手です。ケアマネージャーと協調しながら介護に取り組むことで、負担をできるだけ減らすようにしましょう。専門家の知見とネットワークを利用することで、何かあったときでも迅速、適切な対応が可能になります。

この際、親の面倒を見るのは子どもの役目だ、義務だというような考えはいっさい捨てること。自分の身が危うければ介護どころではないのです。

施設に〝押し込める〟のではなく、〝上手に利用する〟と考える。1カ月のうち1週間だけ預かってもらうようなショートステイを利用すれば、その間は家族も介護の重圧から逃れることができます。

介護を受ける親の方も、実は自分の子どもをわずらわせるより、第三者に任せた方が気が楽なはずです。また、それまで同世代の人との交流がまったくなかった方が、施設に行って初めてたくさんの友達ができ、新たな喜びを発見することだってあります。

介護施設は自分の目でたしかめる

ただし、介護施設はあらかじめいくつか回ってその目でたしかめておくのがいいでしょう。施設によって雰囲気も違えば、サービスの質、働く人たちの質も違います。利用者である要支援、要介護の人たちに親身に寄り添うところもあれば、ひどいところは介護者による虐待が常態化しているところもある。

正直、これほど施設によって雲泥の差があるところもありません。地域の施設をネットなどで調べて見学を申し込むときのポイントは、①施設の設備や管理状態、②職員の態度、③入居者の表情、④施設のオーナーの経営に対する姿勢や志などです。

施設全体が清潔でしっかり管理されているか？　職員の態度は親切で優しくていねいであるか？　入居者がみんな生き生きとして笑顔が多いか？　施設のオーナーの考え方や取り組みがしっかりしたもので、志を持っているかどうか？　これらをチェックして、サービスと自己負担のバランスから利用するかどうかを判断しましょう。

パソコンやスマホが使えるなら、検索して施設の口コミなどを確認するのも参考になるはずです。ただし、いい加減な口コミもたくさんあります。何かのきっかけから施設に逆恨みして、悪意から誹謗中傷している場合もあるので注意が必要です。

やはり一番確実なのは実際に利用している人たちから直接話を聞くこと。知り合いなどで利用者や利用者を知っている人がいたら聞いてみるといいでしょう。

認知症と誤認しやすい「高齢うつ」

還暦以降、意外に気をつけなければならないのが「高齢者うつ病」です。家族や家庭の行く末、仕事やお金のこと、健康、そして近親者の死……。さまざまな状況が変化するのが還暦前後です。不安と孤独から精神的に追い詰められ、うつ病に至ってしまう。

厚生労働省による2017年の患者調査によると、うつ病患者の総数は約128万人。うち60代以降は約50万人という数字になっています。

顕著なのは男女比です。うつ病患者数のピークは男性が50代、女性が40代ですが、男性はそれ以降の患者数がみるみる減っていくのに対して女性は高止まりで、60代以降は男性の2倍ほどの数になっているのです。

うつ病患者に女性の方が多いのは世界的な傾向です。男性優位の社会環境、家庭における役割負担の重さ、不安耐性やホルモンバランスなどの肉体的な原因が挙げられています。しかし、日本の女性の場合、40代から50代にかけて一度減った患者が60代にかけて再び増えているのを考えると、夫が定年退職して家に居る時間が長くなったこともひとつの原因としてとらえることができそうです。

高齢者うつ病が厄介なのは、なかなかうつ病として認識されにくいことです。少しふさぎ込んでいても単に元気がないだけ、もしくは老化現象だと思われてしまう。また、抑うつ状態になると記憶障害が出てくるので、認知症と誤認されるケースも多いようです。

そうなると適切な処置ができないまま、どんどん症状が悪化してしまう。気づいたとき

「うつ病などの気分障害」に分類される患者数

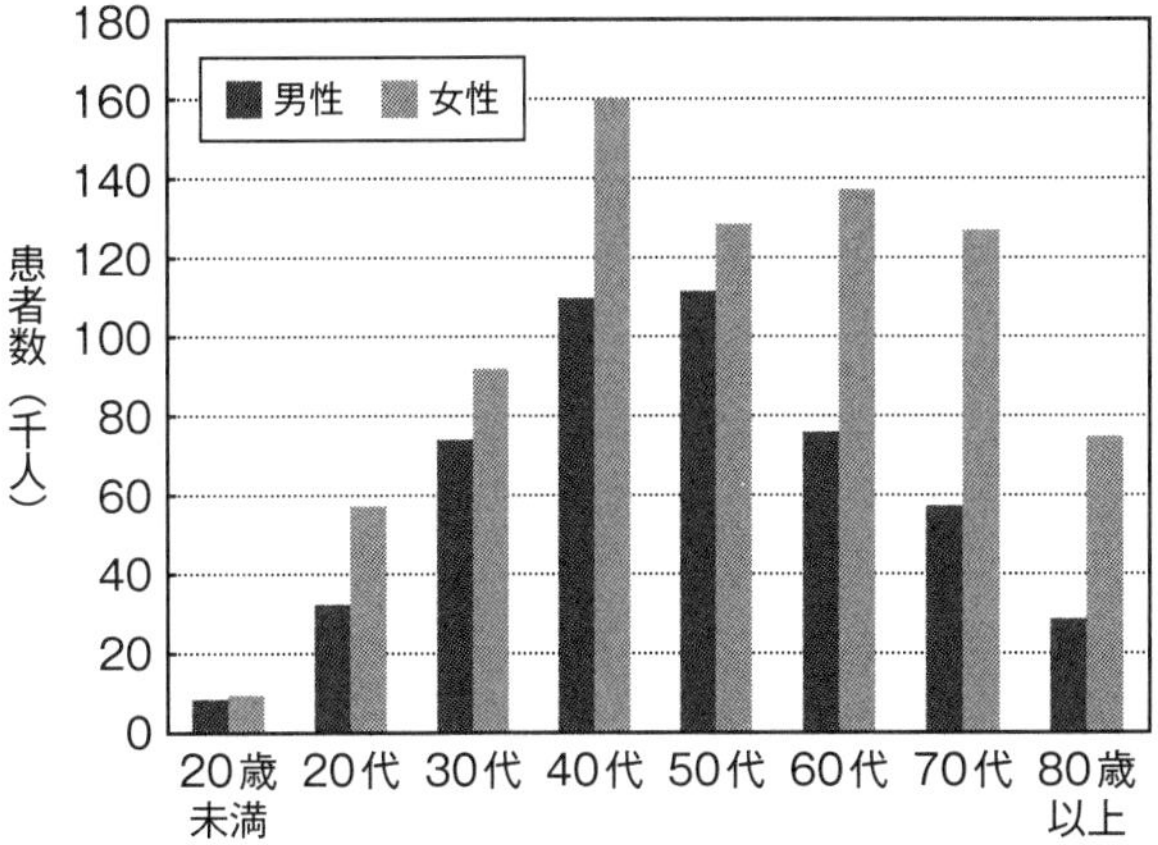

厚生労働省「平成29年患者調査」より作成

にはかなり病気が進行してしまっていた……というケースが多いのです。

厚生労働省が発表している「高齢者うつについて」という資料によると、高齢性のうつ病について、次のようなチェック項目をまとめています。

【基本チェック】

1. 毎日の生活に充実感がない
2. これまで楽しんでやれていたことが楽しめなくなった
3. 以前は楽にできていたことが今ではおっくうに感じられる
4. 自分が役に立つ人間だと思えない
5. わけもなく疲れたような感じがする

以上の質問のうち2つ以上に「はい」と答えた人は、高齢性うつにかかっている可能性があります。さらに気分が落ち込んでいたり、食欲が落ちたりしている。悲観的で死にたいという気持ちになることがあり、普段の生活に何らかの支障が出ているようなら、高齢性うつを大いに疑うべきでしょう。

気になる人は、厚生労働省のサイトにある「高齢者のうつの基礎知識※」という資料を参照してください。詳しいチェックリストが掲載されています。

高齢者の自殺理由の9割は健康問題

日本うつ病学会の「高齢者のうつ病治療ガイドライン」（2020年7月）によると、高齢性のうつ病の特徴は、若年性のものに比べて悲観や自殺願望が高くなることだと指摘しています。実際、高齢者の自殺の9割が身体的不調を訴えているとされていて、その多くにうつ病が絡んでいるとされています。また、うつ病がきっかけになって認知症に移行したり、認知症がさらに悪化したりすることが知られています。

高齢者の場合は薬が効きにくかったり、副作用などの影響も出やすかったりするため、

※ https://www.mhlw.go.jp/topics/2009/05/dl/tp0501-siryou8-1.pdf

若年性のうつに比べて治療しにくく再発しやすいことも判明しています。高齢者にとって、うつ病は認知症と同様かそれ以上に怖い病気だと言えるでしょう。

まず、自分の親戚、血縁にうつ病にかかった人がいるかどうか調べてみてください。もしいるようなら、あなたもうつ病にかかる遺伝的な因子を持っていると考えられます。

うつ病は気質などの遺伝的なものと、ストレスなどの外部環境の組み合わせで起きるとされています。基本的には、心理的なストレスを受け続けた場合、誰でも抑うつ状態からうつ病になる可能性があります。しかし、遺伝的な因子のある人はストレス耐性が低く、容易にうつ病にかかりやすい。ストレス耐性が低い人は、ほかの人はうつ病にならないようなストレスでも、うつ病になってしまうわけです。

自分にうつ病の遺伝的な因子があることがわかっている場合、自分自身を極力ストレスから逃がしてやるよう、意識的に行動すべきでしょう。

旅行や買い物、カラオケなど何でもいいので、自分なりのストレス発散、リフレッシュの方法を確立しておく。先ほど紹介した自分だけの隠れ家、人に邪魔されない居場所を確保するというのもひとつの手でしょう。

うつ病にかかる前には、いくつかの兆候があることが知られています。パニック障害もそのひとつ。突然、強い恐怖や不安に襲われて動悸やめまい、呼吸困難などに陥るのです。

恐怖や不安を感じることには確固とした理由がなかったり、あるいは普段なら何でもない些細なことが原因だったりします。

パニック障害に何度か襲われると、いつまた発症するのだろうという不安や恐怖にかられ、それを繰り返すうちに抑うつ状態になり、うつ病になるケースが多いとされます。

過度に神経質になる必要はありませんが、パニック障害やうつ病がどういうものなのかという予備知識をある程度持っておくといいでしょう。それがあると、いざというときにもあわてず対処できます。関連書などを読んで、事前に知識を入れておきましょう。

寝る前のお酒はアルコール依存症への近道

もし、パニック障害になったり、気分が重くてやる気が起きなかったり、いろいろなことに興味を感じなくなったりしたら、すぐ専門医に見てもらうことが肝要です。

精神科に行くことに気が引ける人、人目が悪いと気にしている人もいるようですが、最近では心の病気は誰もがかかるポピュラーなものです。けっして恥ずかしいことでも、引け目を感じることでもありません。

おすすめは、しっかりした精神科医がいる専門医院を訪ねること。私個人としては、心療内科はおすすめしません。心療内科の場合、精神科の知見が薄く、精神病棟での臨床経験がない内科医がやっている場合があります。そういうところでは、心の病や悩みに正面から向き合うのではなく、抗うつ剤や睡眠導入剤などを処方するだけ、ということもあります。

うつ病などの専門病院はネットで調べればすぐ確認できるはずです。できるだけ臨床経験の豊富な精神科医がいる病院で、しっかりした治療を受けるべきでしょう。

ちなみに、睡眠導入剤は私もときどき飲んでいます。物書きの仕事は睡眠障害と隣り合わせ。眠れないからとお酒を飲むのはアルコール依存症への近道なので、それよりは睡眠導入剤を用いる方がずっといいのです。

60代になると睡眠が浅くなります。そして朝起きるのがどんどん早くなる。すると、気づかないうちに睡眠不足に陥ってしまいます。睡眠不足は万病のもとであり、うつ病の大きな引き金になります。

逆に言えば、うつ病などのメンタル障害の最も有効な方策が睡眠なのです。毎日決まった時間に寝て、決まった時間に起きる。決まった時間に食事をして適度な運動をする。

それによって体のリズムが整い、自律神経が働いてメンタルにも好影響を及ぼします。しっかり睡眠をとれているうちは、多少ストレスを抱えていても大丈夫。逆に特にストレスなどないと感じていても、最近寝つきが悪い、すぐに目が覚める、眠りが浅いと感じている人は、主治医に相談することを考えてください。

60歳を超えたら、体だけでなくメンタルの健康も意識する必要が高まります。

第3章

還暦からの働くことの意味

「体が動く限り働き続ける」が当たり前

多くの企業で50代後半から60歳までの間で役職定年があり、定年後も再雇用として仕事を続ける人が増えていることは第1章でも説明しました。それがなくても生涯現役、体が動く間は働きたいと考える人も多いのではないでしょうか。

総務省の統計調査によると、2018年の高齢者の就業率は60歳から64歳までの男性で81・1%、女性で56・8%、65歳から69歳まで同57・2%、36・6%となっています。70歳以上でも男性で23・1%、女性で11・3%の人が何らかの形で仕事をしているのです。ここ10年近く、高齢者の就業率は右肩上がりという状況です。

リタイアして悠々自適、旅行や趣味に時間をとってのんびり暮らす――。バブルのころはそんな風潮が強かったようです。1986年、当時の通産省が提唱した「シルバーコロンビア計画」を覚えている人がいるかもしれません。

当時は円が強く、バブル経済の勢いもあり、定年後の生活を物価の安い海外で悠々自適に送るという計画でした。スペインやオーストラリアなど、気候が温暖な地域に日本人居住区を設け、広い邸宅で、日本では実現できないゆとりのある生活を送るというもの。

退職金2000万円、年金が夫婦で月20万円あれば十分海外で優雅な生活ができる。結局、この計画は「姥捨て山計画」だとか、「強い円を武器に、日本人が他国に侵出しようとしている」など、国内外からさまざまな批判を浴びて頓挫しました。

今となっては遠い昔話のようです。現在、どれだけのビジネスパーソンが「老後にはのんびり悠々自適な生活が待っている」と考えているでしょうか？

それどころか、退職金も年金も心もとない。地震や疫病など、突然の厄災がいつ何時襲ってくるかわからない……。貯金を減らさないように、できるだけ長く働いて収入を確保し続けたい。そう考えている人の方が多いでしょう。

〝貯金が目減りしていくこと〟が最大の恐怖

2019年、金融庁のある発表が物議を醸しました。公的年金だけでは、老後資金としては1200万円から2000万円不足すると発表したのです。これは、単純に高齢夫婦（夫65歳以上、妻60歳以上）の毎月赤字額の平均値約5・5万円に、平均余命の30年を掛け算して出した数字です。

同じ高齢夫婦無職世帯の平均貯蓄額は約2500万円。多くの人は貯蓄で赤字分をまかなえており、老後になって新たに2000万円を稼がなければ生活できないわけではない。心配しすぎる必要はないのです。

ただし、老後はまったく働かなくていいかというと、単純にそうとは言いきれません。貯金があるとしても、稼ぐ力が衰えるにつれて毎月お金が目減りしていくわけですから、不安になってしまうのは当たり前です。

前章で、還暦からの人生のテーマは「マイナスのミニマム化」と言いました。減っていくのは仕方ないにしても、そのスピードを遅らすことはできる。ここでも同じように、仕事を続けてマイナスをカバーすることは非常に大切です。

さらに、これも前章で触れましたが、男性が何もせずずっと家にいると、女性の負担が増えてしまいます。別々の時間を確保するためにも、いずれかが外に働きに出ることが一番いい形だと言えます。

生涯現役で仕事を続ける意義はほかにもあります。働くことで、自分が組織や社会で何かの役に立っているという実感が持てる。「自分はまだ必要とされている」と自己評価できることは、生きていくうえで非常に大切です。

先ほどの総務省の統計調査でも、現在働いている高齢者のうちの4割が「働けるうちは働きたい」と答えています。70歳くらいまで、もしくはそれ以上と答えた人を合わせると、約8割の高齢者が高年まで働きたいという意欲を持っていることがわかりました。

還暦をすぎてからこそ、むしろ仕事＝働くことが大事になる。

「まだ働き続けなければならないのか……」と現状を悲観するより、「社会の役に立てるうちは働き続けよう」と前向きにとらえた方が、精神衛生上もよほどいいはずです。

「時給850円の自分」を受け入れる

定年後、実際にどのような仕事に就き、どのように働くか。それは人それぞれ、どの形が正解というものはありません。

前にいた会社に再雇用されて働くか、あるいはまったく違う仕事をやってみるか。再雇用で週2日程度の出社を続けながら、アルバイト的に次の仕事を模索するか……。

違う仕事を探す場合も、これまでの仕事の経験を生かした業種、職種を選び、契約社員のような形で働くのと、単純労働のアルバイトとして働くのとではまったく違います。

ひとつだけ言えることは、安易に独立開業して、お店や事業を自分でやろうとは考えないことです。前にもお話ししましたが、特にこの先は見通しが不透明。会社勤めだけをしてきたビジネスパーソンが、たいした準備期間もなく、いきなり開業して成功するとは考えないほうがいいでしょう。

理想はこれまでの仕事の経験とキャリアを生かした仕事に就いて、自分の得意分野でできるところまで仕事を続けることでしょう。できれば正規雇用が一番望ましい。

しかし、これまでの仕事で役員になっていた、あるいは特殊な能力を持つスペシャリストだったならまだしも、営業や総合職的なホワイトカラーの場合、正規雇用され続けることはなかなか難しいのが現状です。

会社などの役員を除く65歳以上の雇用形態の内訳を見ると、非正規の職員、従業員は301万人で、全体の75・3％と大多数になっています。

読者の多くが、役職定年前のような給料を得ようとは考えていないと思います。実際、正規雇用として転職した場合でも、年収は約300万円、月給にして20数万円というのがいいところではないでしょうか。

正規雇用で雇われる人はまだいい方です。非正規雇用として働いた場合、年収はもっと減るでしょう。仮にパートやアルバイトといった時給計算なら、地域によって多少の違いはあるでしょうが、850円から1000円くらいの間。たまに条件のいいもので1200円くらいといった感じでしょうか。

それまでは時給換算でその数倍以上の収入を得ていたような人でも、これが現実です。

以前と同等の高給を望む人物はまずいないでしょうが、昔の肩書や収入は過去のものとしてリセットし、裸になった自分がいったいどれだけの労働力としての価値があるのかを現実的に見極め、受け入れる必要があります。

シビアですが、逆に考えれば資本主義社会ではどんな人間であれ、体が丈夫で仕事ができさえすれば、労働力として最低限の、それなりの価値がつくということです。

還暦からの仕事、5つのパターン

以上のような現実を見極めたうえで、仕事をする目的を明確にしていきます。還暦からの仕事の目的は、マイナスのミニマム化、夫婦それぞれの時間と場所の確保、働きがいと自己実現、の3つに絞り込まれると思います。

高収入を目指さず、仕事を選ばなければ、まだまだ働く場所はあるのが今の日本。単純労働の仕事を含めて、むしろ、人手不足で喉から手が出るほど働き手がほしいという会社がたくさんあるのです。

実際、いろんな場所で高齢者が働く現場が増えています。遊園地やアトラクションの警備員や誘導員、公園などの施設の管理人、駐輪管理スタッフ……。コンビニ店員も以前は外国人が多かったのですが、最近はシルバー世代のアルバイトが目立ちます。

また、高収入を狙わず、働きがいや自己実現を目指すのであれば、趣味を生かしてオリジナルな作品や商品をつくり、ネットで販売することを考えてみてもいい。

まずは自分の置かれている状況と仕事の目的、今の日本の労働環境や社会状況を冷静に見極めて、どのような仕事をどのように探していくか、具体的に見ていきましょう。

①キャリアを生かして正規雇用を狙う
⇓民間人材バンク、縁故、求人サイトなど

これまでのキャリアを生かして、できるならば正規雇用を狙う場合です。

管理職、技術職、専門職のホワイトカラーが定年後も同じ職種で正社員を狙うとしたら、当然のことながら門戸は非常に狭いのが現実です。特に前職と同程度の収入を得たいということになると、ほぼヘッドハンティングで転職するということと同じ。大変なキャリアと実績がなければ対象となりません。

このようなケースは、民間の人材バンクや知人や関係者の紹介といった縁故を通しての採用が中心です。

かつて、「人材銀行」という厚生労働省による公的な人材紹介機関がありました。40歳

以上の管理職、技術職、専門職の職業あっせんに特化しており、最盛期で全国26カ所に設置されていました。残念ながら2016年に廃止されてしまいましたが、その機能自体はハローワークに分散され今も残っています。

いずれにしても、これらの職種での正規採用枠は非常に限られていて、競争も激しく、そのイスを勝ち取るには相当の実力が必要です。

「ビズリーチ」という比較的ハイクラスな転職サイトで検索してみましょう。東京都内で事業企画・戦略、経営企画・戦略、新規事業企画などの職種、年収400万円以上という条件で検索すると、500以上の募集がヒットしました。

食品工場の労務管理、社長秘書、新規事業立ち上げ責任者、総務マネージャー・リーダー候補、経営者向けビジネスメディア立ち上げなど。

意外にたくさんあるように見えますが、いずれもヘッドハンティングであり、相当のスキルとキャリアの持ち主でなければ採用の候補にもならないというのが実情でしょう。

その他、新聞の求人欄にもホワイトカラー管理職の求人広告が載ることがありますが、こちらも望まれるスキル、キャリアがかなり高いことに変わりはありません。

ただし、なかには正社員といっても以前のキャリアがそれほど求められないものもあります。「インディード」という仕事探しサイトで、「東京都内、60歳以上、正社員」という条件で検索すると、2500件を超える募集がヒットしました。

営業事務や公園巡回監視員、役員つき運転手やビル管理、経営企画から公益社団での渉外担当まで、実に多様な仕事があります。月収で25万円から30万円くらいが中心で、年収は当然前職よりかなり落ちることになります。

とはいえ、特別なキャリアとスキルが求められないということは、それだけ実際の条件が厳しかったり競争率が高かったりするので、やはり簡単に職を得ることは難しいと認識しておきましょう。

②キャリアを生かしてスペシャリストとして働く
⇓民間人材バンク、求人サイトなど

同じくキャリアを生かして働くにしても、技術系などのスペシャリストは管理職や営業などの職種に比べるとずっとつぶしがききます。

製造関連技術者、整備技術者、設計エンジニアなどの技術系の求人は、高齢でもスキルがしっかりしていれば大いに需要があるようです。

ちなみに先ほどのビズリーチで同様の条件を入れて検索すると、120件の求人がありました。そのなかで、東京に本社を持つ国内シェアトップレベルのメーカーの求人では、電気制御設計エンジニアとして年収500万円から800万円という高額の年収を提示しています。残業手当はもちろん、各種社会保険、各種手当があり、正社員としての労働条件をほぼ満たしている募集です。もちろん、採用人数も限られ競争も激しく、相当のキャリアとスキルを求められるでしょう。

もし、あなたがこのようなスペシャリストで、英語などに自信があるのであれば、海外での就業を視野に入れるのも面白いと思います。残念ながら、最近は新型コロナの影響でほとんど海外に視線を向けられるような状況ではありませんが、コロナ禍が一段落したら、海外で働くことも一部の人にとって有効な選択肢のひとつになると考えます。

ちなみに菅総理大臣が就任後まっさきに訪問したのは米国でも中国でもなく、ベトナムやインドネシアでした。それには、これらの国が右肩上がりの成長国だからという要因もあります。

東南アジア諸国だけでなく、たとえばブラジルやそのほかの中南米、人口が増え続けていて経済が上向いている国には今の日本にはない勢いがあります。

こういう国では、エンジニアなど技術系の人材を喉から手が出るほどほしがっています。高齢者でも、海外でのマネジメント経験がある、SEなど技術系でトップのスキルを持っている人は活躍できる可能性があります。

技術系だけでなく、ホワイトカラーでも国際業務の経験者などであれば、そのキャリアを利用して海外で働くことを視野に入れられます。

あとは意外に海外で需要がありそうなものにスポーツインストラクターや武道の師範、整体師やマッサージ師、農業指導者などがあります。

ちなみに、インディードにおいて「60歳以上、海外駐在」で検索すると、150件を超える求人広告がヒットしました。輸入車買取営業、精密機器の海外営業、人材紹介コンサルタント、自動車部品営業などです。

海外駐在経験が必要だったり、TOEIC700点以上が求められたり、条件は当然厳しいですがチャレンジする価値はあります。

③キャリアに関係なく業務委託、非正規雇用として働く
⇓シニア人材派遣登録、求人サイト、求人広告など

以上はいずれもこれまでのキャリアを生かし、その延長上で働くというものでした。そして、できるならば正規雇用で、高収入を狙うものでした。ただし、何度も言うようにそれは狭き門です。誰もができるわけではありません。

それに対して、これまでのキャリアにこだわらず、また正規雇用にこだわらない形で仕事を探す。派遣や業務委託、アルバイトやパートのような短期など、さまざまな採用形態がありますが、60代以降、定年後のシニアの多くはこのような形での仕事に就くことがほとんどでしょう。先ほど紹介した総務省の統計でも、65歳以上で仕事をしている人の75％が非正規雇用だという結果になっています。

仕事の内容を選ばなければ、先ほどの正規雇用の仕事とは比較にならないくらい種類も数もたくさんあります。少子高齢化で労働人口が減っているなかで、景気の良し悪しにかかわらず構造的な人手不足となっているのです。

キャリアやスキルを必要とされない単純労働であれば、新聞広告、折り込み広告などでたくさんの募集を確認できます。ある新聞の折り込みに入っていた求人情報を見ると、施設・公園維持の管理スタッフ、短期事務スタッフ、食器洗浄スタッフから包装・梱包作業パート、工具検査スタッフまで、さまざまな仕事があります。いずれも特に年齢制限が明記されておらず、高齢者に対しても門戸が開かれているようです。

ネットの求人サイトでもたくさん載っています。インディードで「勤務地東京都、60歳以上」で検索すると実に2万件以上の求人がヒットしました。

意外なのは「業務委託」という形態が多いことです。約半数の1万1000件がこの形での募集でした。「マンションコンシェルジュ」はマンション管理人のことのようですが、日給約3000円～8000円。なかには前職のキャリアや資格が必要になるものもありますが、経験不問、未経験可という仕事も多くあります。

同じインディードで「アルバイト、パート」で検索すると、約1万7000件もの求人がヒットしました。ガーデニングスタッフ、在宅コールスタッフ、通信高校の受付事務、アパレル商品の荷受・入荷軽作業、宿泊施設の夜間管理業務、図書館巡回スタッフなどなど。

東京での募集なので、地方の場合は時給や日給が少し低いかもしれません。

④趣味と興味を生かした仕事で働く
⇓求人サイト、求人広告、ネット通販など

それほどお金を稼がなくてもいい。好きなことや趣味を生かした仕事を楽しく続けたいという人もいるでしょう。趣味と実益を兼ねていくばくかの収入になれば、マイナスのミニマム化にもつながります。

各求人サイトを検索すると、なかには少し変わった求人があるのがわかります。たとえば「高齢者モデル」や「声優」。もし、かつて演劇をやっていたり、声に自信があったりする人なら、モデルや声優などに挑戦してみるのも面白いかもしれません。

「シニアライフ・コンシェルジュ」といったものもあります。高齢者といろんな話をして、彼らのさまざまな要望などを引き出す仕事だそうです。人と話すことが好きなら、このような仕事も楽しくできるかもしれません。

「家事&育児サポート」という仕事は、子を持つ娘の母親、つまりおばあちゃんのようになって、依頼者の子どもを保育園に送り迎えしたり、子育てから人生相談までを行ったりするものです。

こうしてみると、60代以上のシニア&シルバー層の人たちが働き、活躍できる仕事が想像以上に多種多様にあることに驚きます。自分の興味のある仕事、趣味嗜好を存分に生かして、楽しみながら仕事ができれば言うことはありません。

「生きがい」という点では、シルバー人材センターでの仕事もおすすめです。聞いたことはあっても、詳しくは知らないという読者も多いかもしれません。全国の市区町村に置かれている同センターは、高齢者が仕事を通じて生きがいを得ることと、地域社会の活性化に貢献することを目的に、企業や役所、諸団体や一般家庭から依頼を受けた仕事を、会員に紹介、あっせんするものです。

会員は原則60歳以上、会員は同センターから請負または委託の形で仕事を引き受け、働いた内容によって分配金を受け取るというシステムです。

通訳や翻訳といった専門的な仕事から、店番、販売員、運転手、家屋清掃や内装工事、除草、建物管理から一般事務、そして庭木の剪定《せんてい》や農業支援や福祉・家事援助など、多種多様な仕事があります。

分配金は月に8～10日働いて月額3万～5万円とやや少なめですが、地域社会と結びつきながら自分の興味のある仕事をする。なかば有償ボランティアですが、仕事というより趣味と興味の延長で、楽しみながら働く喜びを実感できるのが特徴です。

⑤ネットを利用して働く
⇓スモールビジネスや各種代行業など

今回のコロナ騒動によって在宅ワーク、リモートワークがすっかり浸透しましたが、その背景にはネット環境の成熟があります。このネット環境を駆使すれば、還暦後の仕事やいいお小遣い稼ぎが見つかるかもしれません。

家にある不要なものをメルカリやヤフオクで売るだけでも小遣いになります。あるいは模型づくりが趣味であれば、プラモデルを精巧に組み立てた完成品を高値で売る。「つくるのは面倒だから、完成したものを手っ取り早く手に入れたい」という人は意外にも多くいるのです。ヤフオクには、そんな商品がたくさん掲載されています。

夫婦が四六時中顔を突き合わせることに支障がないのであれば、夫婦で協力してネットビジネスを考えるのも一案です。パートナーに手工芸や木工などの才能があれば、作品をネットで販売する。製作者と販売者で役割分担して協力し合うなかで、夫婦の新しいコミュニケーションの形が生まれるかもしれません。

ネットを活用するという意味では、人手不足の地方の中小企業などはオンラインで業務をアウトソーシングしているようです。経理や事務、秘書の経験があるなら、オンラインで業務を請け負うことも視野に入れるべきでしょう。

銀行から借金して独立開業するとか、店舗を出すというのとは違います。ほとんど元手がかからず、人件費や家賃といった固定費もかからない。パソコンと自宅に書斎があればできるため、リスクもほとんどゼロに近いと言っていいでしょう。

スモールビジネスの特徴は、事業の拡大を追求するのではなく、最低限自分の小遣い、最大限でも自分たちが食べていける分だけ稼ぐというところ。身を粉にして働くのではなく、ゆったりとマイペースで仕事をする「スロービジネス」でもあることが魅力です。

同じくスモール&スローでやるということであれば、これからの時代は代行業も狙い目ではないでしょうか。

これからの超高齢社会では、身の回りのことに不自由な思いをする世帯がますます増えてきます。買い物や炊事、洗濯といった家事全般、家電の配線から整理整頓、掃除まで、高齢者のちょっとした身の回りのことを代行するわけです。

実際にある地方都市には、地元の若い中小企業の経営者たちが集まって、高齢世帯の衣食住のさまざまなニーズに、それぞれの企業が得意分野で対応する事業があります。

大きく商圏を広げず、地域にサービスを絞り込む。高齢化時代にふさわしい地域密着型のモデルは、これからの代行業の参考になるでしょう。昨今のコロナ騒動は、こうした動きにさらに拍車をかけることになりました。

ちなみに、定年退職して田舎で農業をしながら自給自足に近い生活をしたいと考える人も多いようです。都会生活を捨てて田舎暮らしをするのもひとつの選択ですが、それが上手くできるのは体が丈夫な50代までと考えた方が無難でしょう。

60代から田舎暮らしをするとしたら、自分の地元かすでに知り合いがいるなど、何かしらの土地勘と人間関係がないと厳しい。都市部に慣れ親しんだ人にとって、地方には思いのほか閉鎖的な雰囲気があります。いざ住み始めてコミュニティから弾かれてしまうと、都会に逆戻りということにもなりかねません。

農業についても、すでに経験があるというなら別ですが、60代でイチから始めるのはかなり無理があります。これも少なくとも50代から準備している必要がある。60代からの田舎暮らしは慎重に、というのが私の考えです。

還暦からの仕事にこそ働く喜びがある

こうしてみると、還暦からの仕事は意外にいろいろなものがあることがわかります。先入観にとらわれず、募集広告やチラシ、求人サイト、各種団体など、いろいろなツールで求人情報を集めてみましょう。

「こんな仕事があるのか」とか、「今はこんな業種（職種）の仕事が増えているな」とか、「昔とは仕事の呼び名がずいぶん変わったようだ」など、さまざまな発見があるはずです。求人情報を眺めているだけでも、今の世の中がいろいろ見えてきます。

そして、これまで社会人として長年仕事をしてきて、見えなかったものも見えてくる。自分がこれまで縁がないと思っていた仕事も、もしかしたら意外に適性があったかもしれないな、などと想像が広がることでしょう。

単純労働、肉体労働などとバカにすると、評価を誤るかもしれません。得られるお金は少なくても、体を動かしてものをつくったり、何かを達成する喜びを素直に感じることができたりするかもしれません。また、お客さんや地域の人たちの喜ぶ顔を見て、人と接する楽しさをあらためて感じるかもしれない。

競争の激しいビジネス社会で、ノルマや成果を上げるべく、心身をすり減らしていた仕事とは違います。

還暦後は目線を変えて仕事と向き合うことで、かつては感じることのできなかった仕事の楽しみや喜びを味わうことができる。実はそれこそが本当の労働の喜びであり、仕事の本質なのかもしれません。

収入は減ったとしても、それよりはるかに大きなものを手に入れることができる。これこそが、還暦からの仕事の醍醐味だと言えるのではないでしょうか。

第4章

還暦からのお金とのつき合い方

コロナでお金の使い方が大きく変わった

2020年1月から流行が拡大した新型コロナウイルスによって、私たちの生活は大きく変わりました。変わったもののひとつにお金の使い方があります。

家にじっとしていて出歩かない。旅行も買い物も控え、外でお酒を飲むこともなくなった。意外にお金を使わず生活できることに、あらためて気づかされた人も多いでしょう。

図らずも、私たちはまだまだ節約できることを知りました。老後資金が2000万円足りないという政府の試算も、その前提が大きく変わってきた感があります。

2019年6月に金融庁が発表した報告書では、夫65歳以上、妻60歳以上の無職夫婦の場合、1カ月の生活費の平均は26万3718円。年金などの実収入は20万9198円でした。毎月の不足額の平均を約5万円として、今後20～30年の人生が残っているとすれば、不足額の総額は単純計算で1300万円～2000万円になるという計算です。

前にも触れたように、この数字が独り歩きして、あたかも老後に新たに2000万円稼がなければならないのかと誤解されました。一方で平均貯蓄は約2500万円あるため、多くの高齢者の生活がすぐにでも破綻してしまうわけではありません。

平均値なので、実態とは必ずしも合致していない。先の報告書でも、「この金額はあくまで平均の不足額から導きだしたものであり、不足額は各々の収入・支出の状況やライフスタイル等によって大きく異なる」と断っています。

収入と支出の差額の5万円は、節約すれば十分に切り詰めることが可能。それがコロナによって明らかになったというのが、昨今の状況ではないでしょうか。

若者世代の〝生活保守主義〟を見習う

もともとお金のない若い人を中心に、お金を使わず守りに徹する生活保守主義が広がっていました。それを象徴するのが『東京タラレバ娘 シーズン2』というマンガ。読者のみなさんにも、機会があったらぜひ読んでいただきたい。

主人公の廣田令菜は30歳のフリーター。短大は卒業したものの、就活で思うような会社が見つからずアルバイトでつないできた。現在は図書館でアルバイトをしていますが、贅沢をせず、お金をほとんど使いません。

まず外食をしない。コンビニのスイーツで満足して、家でネトフリ（ネットフリックス）三昧。月額1000円程度でさまざまな映画、ドラマ、アニメが見放題というこの定額動画配信サービスを大画面テレビで見られれば、それだけで幸せだと感じる。多くを求めず、望まず、ちょっとしたことで満足して生活する。冒険はしない。主人公はまさに生活保守主義の典型的な生活を送っています。

今の20代も、おそらく多くの人が同じ感覚を持っているでしょう。働いていても贅沢はせず、家からお茶とお弁当を持参。外で買う場合も、コンビニでおにぎりと総菜とサラダで600円くらいまで。

一方、現在の60代の人が同じ20代、30代のころは、まさにバブル全盛。当時、私は外交官としてソ連の日本大使館に勤務していたため、直接経験はしていないのですが、現在ではまったく想像もできないような生活だったとか。

会社での昼食は外食が中心で、それも1000円は当たり前。ときには贅沢して1500円のランチも。その後も場所を変えてお茶をする。昼食に2000円使うのも珍しくなかった。洋服もデザイナーズ・ブランドや高級スーツで固めていたそうです。

30年たった今、これだけ世の中が変わってしまった。老後の生活が赤字だというデータを見ると、還暦前後の人たちには、かつてのバブルの感覚がどこかに残っている可能性もあります。生活を楽しむことがゆとりと文化を育むことは間違いないのですが、60代の人たちは今の若い人たちの生活保守主義に学ぶところが大いにあると考えます。

たまたま自分がいい時代に生まれただけなのかもしれない。「今の若い人たちは夢がない」「後ろ向きだ」などと批判する前に、若い人たちの現実感覚を評価する視点も持ち合わせるべきでしょう。

今回の新型コロナによって、生活保守主義こそがこれからの時代に適合した生存戦略だと、若者たちがいち早く感じとって選択したのです。

退職金の使い方を金融機関に相談しない

生命保険文化センターの調べによると、60代男女の80・15%が「老後の生活に不安を感じる」と答えています。ちなみに、年代別で最も不安を感じていたのは50代の90・85%、次いで40代の89・6%でした。

下の世代の人たちの方が、これから20年後、30年後、自分たちの年金や退職金はどうなるかわからないとより切実にとらえています。彼らに比べれば、今の60代はまだまだ恵まれていると言えるでしょう。それでも、8割以上の人が不安を抱いているのです。

60代が抱える不安の最も大きなものが、自分の体の健康と介護の問題です。お金はその次。これが若い世代になると、お金の問題が不安の第一になっています。

それだけ高齢になると健康と介護の問題が切実な問題だということであり、さらにお金に関しては入ってくるもの、出ていくものの全体像がはっきりしていて、未確定要素が少ないということがあるかもしれません。

とはいえ、お金の問題が老後生活の重要な問題であることは変わりません。節約は当たり前としても、お金の苦労やトラブルを避け、少しでも安心感を持つことができる生活を送るにはどうすればいいのでしょうか。

ポイントのひとつは退職金です。２０１８年に厚労省から発表された『就労条件総合調査結果の概況』によると、大卒の定年退職者（勤続20年以上、かつ45歳以上）の退職金の平均額は１７８８万円（２０１７年）でした。

イメージより低いと感じた人が多いかもしれません。過去、最も平均額が多かったのが１９９７年の２８７１万円ですから、１０００万円以上も下がっているのです。今から10年、20年前に長い人生設計を立てた人は、当時予想したよりかなり少ない退職金に計画が狂ったと感じているでしょう。

退職金の使い道は実際どうなっているか。少し古いデータですが、２０１３年の博報堂の調査によると、40代から60代の退職金の使い道として最も大きいのが貯蓄（52・3％）、次いで消費（26・5％）、投資（10・8％）、ローン返済（10・4％）。ちなみに、60代男性は投

老後生活に対する不安の有無（60歳代）

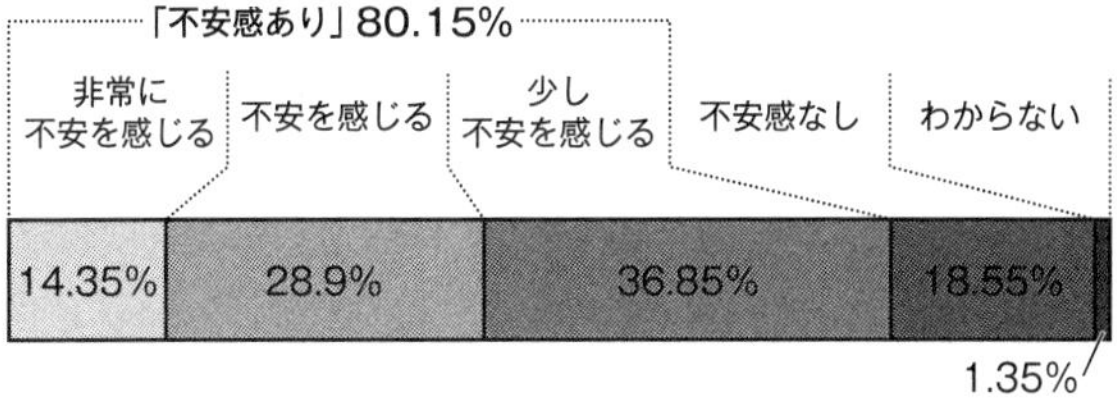

生命保険文化センター「生活保障に関する調査」（令和元年発行）より

資が17・1%と多いことが特徴です。やはり男性は少しでも増やしたいという気持ち、投資意欲が高い。60代の女性の場合は8・9%と男性の約半分です。

ご存じのように、銀行の定期預金の金利は0・002%、普通預金金利が0・001%という史上最低金利が続いています。多少リスクをとっても、投資で増やすべきだという考えが個人にも広まりました。それまで貯蓄に回していたお金を投資に回す人が増えた。

2008年に起きたリーマン・ショックで、個人投資家の多くが「やっぱり投資は怖い」と警戒したようですが、日経平均が一時3万円の大台を回復した最近の市況を見て、あらためて投資に資金を振り分ける個人が増えているようです。

積み立て型の商品や長期保有型のローリスク・ローリターンの商品も注目されている一方、FXなど投機性の高い金融商品は以前のような人気はなくなりました。

注意が必要なのが金融機関とのつき合い方です。退職金をどのように運用したらいいかとか、どんな金融商品を買えばいいかとか、営業パーソンに下手に相談しないことです。

銀行員は、営業成績を伸ばすよう日々強烈なプレッシャーを受けています。どんなに親身に相談に乗ってくれるようでも、結局のところ売り上げが第一の目的。相談者の利益より自分たちの利益が上がることを最優先します。

投資信託や個別株、保険商品にしても、相手が売りたいもの、手数料がたっぷり乗ったものをすすめられるだけです。その結果、手数料が足かせとなってなかなか利益が得られなかったり、株価の下落で元本割れしたりすることも実際にたくさん起きています。

退職金などのまとまったお金の運用に関して、銀行などの金融機関の営業パーソンに丸投げすることは避ける。あの人たちとつき合うときは、こちらがどんな商品をどのように買うか、どうやって運用するかまで、ほぼ完全に決めてからにすべきです。

ノープランで臨むのは、「どうぞ私のお金を好きにしてください」と言っているようなもの。金融商品や運用の知識が乏しい顧客に対して、相手のいいようにやられてしまう可能性が高いのです。

〝コロナで株価急上昇〟のカラクリ

新型コロナで株価が急落した2020年3月から、この1年間で日経平均株価は2倍近い高騰を示しました。株を保有し続けていた人にとっては大変な利益になったわけですが、ある銀行員の話では、すでに撤退した個人投資家も多いため、残念ながらその恩恵にあずかっている個人投資家はそれほど多くないそうです。

しかもコロナ騒動が始まったころは経済が停滞するというニュースばかりだったので、一般の人はとても投資に目を向ける余裕などなかった。それこそ生活保守主義で、今あるお金をできるだけ減らさない方向に目線が向いていました。

今回の株価の急上昇で一気に資産を増やしたのは、一部の資産家や機関投資家にすぎません。あるいは株価が急騰した企業の含み資産が増えた。結局のところ、今回の株価上昇によって格差や二極化がさらに進んだということです。

それにしても、世の中すっかり停滞モードなのになぜ株価がこれだけ急上昇したのか。

すでにおわかりの人も多いと思いますが、この1年間、政府は店舗の休業補償や企業への融資などで、すでに200兆円近いお金を市中に投じている。

市中にお金がダブついていて、日銀も企業の株式を大量に購入している。これだけの資金が市場に投入されれば、株価が急騰するのも当然です。

コロナバブルと称する人もいますが、それだけにバブルが崩壊してかつてのような不況が再来するのではないかとの懸念も広がっています。

資産運用の主目的はリスク分散

一般の個人が新たに投資を始めるのはますますハードルが高くなっています。私自身、経済の専門家ではないので、今後の動きを明確に予想できるわけではありません。

このような特殊な環境、時代における運用の第一のポイントは「リスク分散」です。できるだけお金を細かく分けて、いろんな形で所有する。手堅く貯蓄を基本とすることでよいかと思いますが、それも預け先をいくつかに分けておく。

その際、総合口座などすぐ下ろせる場所だけにしないことがポイントです。定期預金などの形か、あるいは普通預金でもキャッシュカードをつくらない。そうすれば簡単には引き出せないので余計な切り崩しを避けられます。

私のおすすめは郵便局で国債を購入すること。郵便局は手続きが特に煩雑で、時間がかかる。すると面倒なので下ろす気がなくなります。

国債は変動金利10年、固定金利5年、固定金利3年があります。たとえば財務省のウェブサイトで運用をシミュレーションしてみると、変動10年に300万円を預けた場合、基準利率0・13％。適用利率0・09％で10年満期時の受け取りは10万1450円となります（第132回債）。利子の旨味はほとんどありませんが、なにより国債は元本保証。10年間お金を減らさないように保管しておくと考えればいい。

余裕があれば、あくまで分散目的で株や投資信託に投資することを考えてもいいでしょう。ただし、投資に回すのは貯蓄が一定額を超えてから。持ち家のある人は300万円、持ち家のない人は1000万円まではとにかく貯めることに専念する。

そして目標額を超えたら、そのうちの一定額までの範囲で投資に回すのです。私が基準にしているのは株式や仮想通貨など投機性の高いものは全体の5％、インデックス型投信や金など、比較的安定している金融商品の場合は全体の20％までとする。両方合わせて25％を超えることは避けています。つまり、1000万円貯蓄がある人は250万円までなら何らかの投資に回してもいい。

住まいが賃貸だったり、持ち家であるにしても住宅ローンが残っていたりするなら、半分のパーセンテージにするのがいいでしょう。つまり、13％を超えない範囲で投資や運用を考えるのです。

　定年後、夫婦お互いのヘソクリなどを集めたら1000万円くらいのお金が手元に残っている。このような世帯も多いのではないでしょうか。

　そこで5%を株式や投資信託などで運用することもありでしょう。これくらいであれば仮に大きな金融危機が来たとしても、被害は致命的なものではないはずです。

　これくらいの比率でリスク分散をしておけば、何かあってもそうそうお金を失うことはありません。「貯蓄を1000万円にするために投資で増やそう」などと考えるのは、リスクがかなり大きい。

　20代、30代の人が投資で失敗したとしても、まだまだ稼ぐ力と時間が残っていますから、「高い勉強代だった」ですむかもしれません。ですが、還暦以降に投資で大きな損失を被ってしまうと、取り返すことはかなり難しい。その人は、「自分の人生そのものが失敗だった」と感じかねないのです。

　いざというときに備えて、「守るべきライン」をしっかり設定しましょう。

還暦後の投資は余裕資金で行うのが鉄則

投資信託は専門家に運用を任せるので楽ですが、その分手数料がかかります。手数料が適切なものであるかをまず確認しないといけません。基本的に投資信託には購入手数料、信託報酬、解約手数料（信託財産留保額）の3つがかかります。購入する前にこれらの手数料をしっかり確認してください。

投資信託は銀行や証券会社において対面で購入するより、ネット証券の方が手数料は安くすみます。また、商品のなかには購入手数料がかからない「ノーロード投資信託」というものもある。個別銘柄を選んで投資する「アクティブファンド」より、初心者には日経平均やTOPIXなどの指数に連動した「インデックスファンド」がおすすめです。信託報酬が安いことと、長期運用で考えると指数が上がっている可能性が高いのです。

特に最近は手数料も信託報酬もかからない商品も誕生しています。営業パーソンに言われるまま購入するのではなく、ネットなどで調べて少しでも条件のいい商品を選択することが大事になります。

しっかり選んで長期で運用するというのであれば、個別株も視野に入ります。私自身、移動が多いので航空会社を買っています。コロナでここのところ株価は低迷していますが、なにより株主優待で航空運賃が半額になる。

あとは教育に興味があるので、ベネッセなどの教育産業の株も持っています。それから地方の動きにも関心があるので、各地方の地銀の株を少しずつ持っています。地銀の株価を見ると、その地方の経済がどうなっているかがわかるからです。

お金を増やすという目的よりも、優待によるメリットや、産業や地域の状態を知るために買っているというのが大きい。株価というのはどんな情報より早く実態を反映するもの。株価を見ると次に何が起こりそうか、隠れたところでどんな動きがあるのかという世の中の実態がわかる。それが自分の仕事に結びつくのです。

より手堅くということであれば、三大銀行株もいいかもしれません。コロナで利益は減っているとはいえ、予想していたよりも下げ幅が小さかったようです。みずほ銀行はゴタゴタがありましたが、大きな傾向としてコロナが落ち着き、経済活動が再び活発になれば三大銀行はいずれも持ち直してくるでしょう。

なによりの魅力は、その配当の高さです。いずれも配当利回りで年率5～6％という高水準。これだけの利回りを出せる商品は今の時代ほとんど見当たりません。

とはいえ、あくまで投資は各個人の判断で購入するべきです。自分の判断と意思で銘柄を選び、余裕資金で行うのが投資の鉄則だと心得ておきましょう。

NISAから500円玉貯金まで、意外な運用法

リスク分散ということであればNISAも狙い目でしょう。通常の投資では運用益や配当の20％が税金として徴収されますが、NISAの場合は条件つきで非課税になります。毎月少額を投資する「つみたてNISA」の場合、年間40万円までなら非課税。積み立てではない一般のNISAは年間120万円までが非課税になっています。

積み立ての場合は最長20年、一般の場合は最長5年と定められていますが、その間どんなに利益が上がったとしても非課税です。

毎月一定金額を積み立てる場合、仮に組み込まれている銘柄の株価が下がったとしても、その分購入する株式が増えます。すると今度は反転して上がった場合、たくさん買えている分利益が大きくなる。これが定額積み立ての旨味でもあります。長期投資の場合は、このような定額積み立てのメリットが大きくものをいうでしょう。

あとは、これも私が実際にやっているものに500円玉貯金があります。毎日ポケットや財布に残っている500円玉をコツコツ貯金していくのです。100円ショップには専用の貯金箱が売られています。

200枚貯めると10万円。それが5つになると50万円になります。それでちょっとした旅行に行くことを目標にするのもいいでしょう。あるいは、これを一般NISAに預け替えて5年間寝かせておく。5年後の自分に対するボーナスです。

そうやっていろいろな形で分散する。自分で調べて自分なりのポートフォリオをつくってみることが基本ですが、もし難しいなら、ファイナンシャル・プランナーなどに相談してみるといいでしょう。

ただし、ファイナンシャル・プランナーをネットで見つけることは避けた方がいい。どんな利害関係を持っている人なのかがわからないからです。誰かの紹介だったり、昔の学生時代の同窓にそんな人がいたりするのが理想です。旧友のネットワークに基づいていれば、変な金融商品をすすめてくることは少ないでしょう。ここでもやはり同窓生の力が大きいのです。

「街の保険屋さん」は誰のためにある？

取り分ける、使いにくくするという意味では、外貨建ての生命保険などもあります。為替差損をどう考えるかですが、分散をするならひとつの選択肢です。

60代は保険に対する向き合い方も変わる年代です。子どもがいてもすでに手を離れていれば、大きな死亡保障は必要なくなります。一方で、これからはケガや病気などに対する保障が必要になる場面が増えてきます。

そこで死亡保障の大きい生命保険から、医療保険に重点を移すことも考えましょう。まず、自分が入っている生命保険の内容をしっかりと確認すること。自分が死亡したとき、入院したときに払われる保険金がいくらなのかを把握しておくのです。

そのうえで、こんなに大きな死亡保障は必要ないとか、医療保険をもっと充実させた方がいいということであれば見直しを考える。

医療保険やがん保険はもし自分が体が弱く、病気がちということであれば終身タイプに加入して、保険料を一定に抑えつつ保障を確保するのもひとつの手です。

また最近話題になっているのが先進医療がセットになった医療保険。医療機関で治療した場合、基本的には健康保険が適用されます。仮に高額になった場合でも高額療養費制度というものがあり、上限が決められています。

年齢と年収によって差はありますが、一般的な人の場合、70歳以上であればひと月の上限額は約6万円、69歳以下であれば同じく約9万円となっています。

ひと月の医療費がこれ以上かかった場合、申請して払い戻しを受けることができます。

ところが、がん治療のための重粒子線治療や陽子線治療のような最先端の医療技術は、厚生労働省の定めにより全額自己負担になっています。

このような先端医療を受けることができるのが先進医療セットの医療保険。遺伝の要因が強い病気にかかるリスクがある人などは、入っておくことを検討すべきかもしれません。

また、老後の資金づくりに保険を使うこともできます。退職金などのある程度まとまった資金により保険料を一括払いで支払うことで、結果としてお金の運用ができるという終身保険や個人年金保険などが代表でしょう。

ただし、契約後はしばらくその資金には手をつけられません。もし急に必要に迫られて解約した場合には、支払った保険料より少なくなって戻ってくるというリスクがあります。逆に言うなら、一定期間解約できないためお金を取り分けておくことができます。

その他、60歳から考える保険としては自分が介護が必要になったときのための「介護保険」、自分の葬儀や墓の準備をするための「葬儀保険」などがあります。

保険の見直しでも、投資の場合と同じように注意が必要です。保険の外交員や街の保険ショップのようなところに相談すると、ここぞとばかりにさまざまな商品をすすめられ、かえって保険額が上がりかねません。そもそも、街の保険ショップに行くとさまざまな会社の保険商品をすすめられるものの、経営には生命保険会社が関わっており、けっして中立の機関というわけではありません。

たとえば保険の転換をすすめられることがあります。保険の転換とは、それまで入っていた保険の準備金（その保険の保険金支払いのために積み立てられていたお金）を頭金に、新しい保険に切りかえることです。仮に貯蓄性の終身保険だった場合、新たな保険に加入する際にその貯蓄部分が新しい保険のかけ捨て部分の保障にあてられてしまうことがある。転換させることで、保険会社は貯蓄部分を支払わなくてすむようになるのです。

保険の見直しで保険会社と話をする際には、ファイナンシャル・プランナーなど、詳しい人に同席してもらうという手もあります。

年金はいつから受給するのがベストか

2020年5月、年金制度改正法で2022年4月から年金の受給を繰り下げられる期間が5年から10年に延び、最高75歳からの受給とすることが可能になりました。

年金支給開始年齢を遅くすればするだけ、本来の年金額より多く受け取ることができる。通常の65歳になる月から繰り下げた月数に0・7をかけた数が年金の増額率となります。最長で75歳の誕生月まで繰り下げた場合、増額率は84％。仮に65歳時の年金受取額が年間

100万円だとすると、10年繰り下げた場合の受取額は184万円です。

ですから、70歳まで雇用延長し、75歳までは何らかの仕事で収入を得て、年間の年金受給額が最大になるようにするというのも有効な方法でしょう。

あるいは、状況によっては年金開始の65歳以前に繰り上げてほしいという人もいるでしょう。その場合は早める分、受給額は早めた月数に0・5％（2022年4月以降は0・4％）をかけた分が減額率となります。5年早めて60歳から受給する場合、減額率は24・0～19・6％となります。

年金総受給額がどのくらいになるかは、何年生きるかによって変わってきます。もちろん、そんなことで受給繰り下げ、繰り上げを判断するのではなく、60代の前半でも収入が安定せず貯えも心もとない人は繰り上げを選択すればいいし、逆に70歳を超えても収入の当てがあり、貯えもあるなら繰り下げて受給すればいいでしょう。

また、在職老齢年金の減額調整の仕組みが変わりました。これまでは60歳以降に働きながら年金をもらう場合、年金の基本月額と働いて得た給与月額の合計が65歳未満は28万円、65歳以上は47万円を超えると、年金の一部または全額がカットされていました。

しかし2022年4月からは、65歳以下でも年金基本月額と給与月額の合計が47万円を超えなければ年金を減額されることはなくなりました。この間は、働きながら年金をもらう方が有利になります。

固定費減には公営住宅への住み替えも

老後のお金を考えるうえでは、出費をできる限り抑えることが大きなポイントです。日々の生活費を切り詰めることも有効ですが、場合によっては固定費を見直すことも検討する必要があります。もし、リタイア後も住宅ローンの支払いが続いているということであれば、思いきって住み替えをして毎月の支出を一気に減らすのです。都心の賃貸住宅に毎月20万円以上支払っている場合も同じです。

現役時代は定期収入や住宅手当もあって助かっていたのが、再雇用、定年でそれらがなくなると、一気に住居費がのしかかってきます。

再雇用などが上手くいかず、収入がなくて厳しいという場合は、65歳定年を迎えたときに思いきって都営住宅、区営住宅や県営住宅、市営住宅に移ることも選択肢のひとつです。

東京郊外なら、2万円から5万円でそこそこの部屋を借りることができます。

たとえば東京都住宅供給公社のサイトを見ると、東大和市の物件で1LDKから3Kの物件が3万5000円から6万円の範囲で募集しています。

なかには高齢者向けの住宅もあり、二人住まい、独居など自分の状況に合わせて選ぶことも可能です。一人住まいなら公営住宅で40平方メートルくらいの物件が1万円台で見つかります。抽選なのですぐ希望の場所に住めるかどうかはわかりませんが、何度かトライするうちに優先順位が上がっていくので、当選しやすくなります。

昨今、こうした住居に引け目を感じる必要はありません。物件の内容だって悪くない。少しでも余裕のある老後を送るために、下手な見栄を張らない。高級マンションに無理して住む必要など、まったくないのです。

幸い、今は世の中全体が、分相応に生きることに価値を見出す時代になっています。安い物件を上手に利用する方が賢い選択だと言えます。

遺産は本当に子どもを幸せにするか

2018年に三菱UFJ信託銀行が行った調査によると、相続検討者、相続経験者900人の平均遺産相続額は2114万円という結果でした。遺産した金額の割合を見ると、最も多いのは男性が1000万円以上2000万円未満のゾーンで18・5%、女性が500万円以上1000万円未満で22・9%となっています。

子どもに少しでも財産を残してあげたいというのが親の気持ちでしょう。ただしこれからの時代、老後のお金管理のポイントは子どもに残そうと考えないこと。自分のお金は自分たち夫婦で使い切る。

その分、介護などで子どもをわずらわせない。親も子どもも、お互いそれぞれの生活を完結させることに徹する。その方がお互い自由に、幸せに生きることができる。

下手に財産を残すと、子どもや周囲の人たちを巻き込んで関係がギクシャクしてしまうことがあります。親族間で不信感がうずまき、つき合いが途絶えてしまうケースも多々あります。それならいっそ遺産など最初からない方がマシだとさえ言えます。

それでも残すものが出てくるのであれば、やはりきっちりと遺言書などをつくっておいて、あとあとのトラブルを極力避けるようにするのが親の務めでしょう。

前述の調査では、自分の子どもに相続財産をどれだけ明かしているかという問いに、「すべての財産を明かしている」という人はわずか13・6％。それに対して、「まったく明かしていない」という人は52・5％と過半数でした。

引き継ぐものがあるのであれば、生前から自分がどれくらいの資産、財産を有していて、どのように分けるかをしっかり伝えておく。あるいは事前に遺言書を作成しておく。その際、遺言書は自筆のものではなく、最寄りの公証役場で「公正証書遺言」をつくってもらいましょう。自筆遺言書は家庭裁判所での検認手続きが必要になりますが、公正証書遺言は法的な効力が即発揮できるので、預貯金の引き出しや資産の名義変更などを遺言通りに行うことができます。

このことは、自分の遺産を子どもに引き継ぐ場合もそうですが、自分の親に対しても同じことが言えます。親御さん直筆の遺言があるからといって、それがすぐに認められるわけではありません。相続を確実なものにするために、早めに親御さんに公正証書遺言をつくってもらうのがよいでしょう。

第5章

還暦からの学びと教養

目的のない学習は結局続かない

いくつになっても学習し続けることはもはや当たり前になってきた感があり、生涯学習はそれほど特別なものではなくなりました。学習意欲を持ち、学び続けることはその人の人生を豊かにし、また社会全体のためにもなります。

自分の得意な分野を深掘りする、あるいは若いころ苦手だった分野や事情があって進めなかった分野の勉強をする。学ぶ目的も、学び方も人それぞれでしょう。まず還暦後に自分が何を、どう学ぶかを明確にすることがポイントです。

ただし学問や教養というものは、目的があるほど身につきやすい。外国で仕事をするために英語を習うのと、単に余った時間で漠然と英語を習うのとでは、身につき方に大きな差が出るのは当然でしょう。

さらに、そこに年齢という条件が加わります。はっきり言えば、還暦を迎えてイチから語学を習っても身につく可能性は限りなく低いと考えますが、何をするかは人それぞれ。勉強すること自体が楽しいのであれば、それだけでも意味はあります。

生涯学習に近い言葉にリカレント教育というものがあります。これは、キャリアをアップさせたり、仕事を替えたりする際に必要な知識や資格を身につけるための教育のこと。

社会人になってから仕事を一度中断したり、仕事をしながら勉強したりする。キャリア構築という明確な目的を持ったうえでの学び直しです。欧米では当たり前になっていますが、日本ではまだまだ浸透していません。

一方の生涯学習はもっと広い概念で、キャリアと必ずしも連動せず、自分の関心を深掘りし、生きがいを持つことができる学び全般のことです。趣味やスポーツ、芸事などの学びも含まれています。いわゆる教養を深めたい、知識を増やしたい、勉強すること自体が楽しいという学び方です。

リカレント教育というと現役世代が多く、生涯学習というとリタイア組が余暇を利用して学ぶというイメージが強い。しかし、今後は還暦を超えても生涯現役として働き続けるということであれば、リカレント教育が必要になる場合も増えてくると考えます。

どのような学び方が正しいということはありません。私個人としては、なにより作家として著作物を生み出すことが仕事であり、そのための勉強がすべてです。とはいえ、学んで新しい知識を取り込むことが自分にとって大きな喜びであることは、学生時代からまったく変わっていません。

勉強自体が趣味で楽しいという人は、勉強し続けるのをやめるべきではないでしょう。

学びを必要としている若い人を邪魔しない

大学の公開講座などでは、リタイア後のシルバー層の人たちが目立ちます。なかには明確な目的があって勉強している人もいますが、仲間と会ってコミュニケーションをとるために参加しているという人もいます。

公開講座もセミナーも定員があります。明確にシルバー層に向けたものであるなら別ですが、必要に迫られて学ぼうとしている若い人たちに割って入って、彼らの学ぶ機会を奪うことがないように配慮する必要があるでしょう。

また、年配の参加者のなかには授業中に自分アピールをして周囲に認められようとする人もいます。長時間質問をしたり単なる自慢話を繰り返したりと、まさに勉強の邪魔です。若い人たちはそういう高齢者を見て、自分も還暦後はああなるのかと幻滅してしまう。いろいろな意味で彼らにとってマイナスの作用を及ぼすわけです。

実際、セミナーや講座によっては毎回顔を出すベテランがいて、まるで自分が主役であるかのように威張っている人物もいます。

言葉はきついかもしれませんが、そうなるとまさに〝老害〟です。どうか、そのような存在にならないよう気をつけてください。自分は大丈夫と考えている人がほとんどかもしれませんが、仲間ができたり、コミュニティができたりして常連がいるようなセミナーや講座だと、知らない間にそんな厄介な存在になってしまう危険性があります。目的なく勉強を続けている場合、こうした状況に陥る可能性があるので気をつけましょう。

安易に図書館を利用するのは考えもの

その意味で、街の図書館に行くのにも注意が必要です。本との出会いを求めるのではなく、単に時間をつぶすために行くのだとしたら少し寂しい。私自身は、還暦をすぎてからの読書は暇つぶしではなく、しっかりした学ぶべき目的や対象があって、それを深掘りするものであってほしいと思います。

正直、図書館で漫然と新聞を読んだり、文庫本を読んだりしている高齢者グループというのは、あまり前向きな感じがしません。特にどこも悪くないけど病院に行って時間をつぶしている高齢者と本質的に変わらない。開館と同時に自分の読みたい新聞や座りたい場所を確保するため高齢者同士で揉めるなど、誰も見たくない光景です。

そもそも、書籍は自分でお金を出して買った方が身につきます。人間は現金な存在ですから、お金を出して買うと、しっかり元をとらなければと思い気を入れて読みます。語学などの学習でも教材や受講料に高いお金を払うので、必死になるという部分があります。なにより自分の書籍なら、読みながらアンダーラインを引いたり自分の考えを自由に書き込んだりできる。すると理解度が劇的に変わってきます。

図書館とは、まだお金のない若い人がおもに行く場所であり、金銭的に余裕のある高齢者は、出版文化を支える意味でも書店で書籍を購入してもらえればと思います。

高齢者が図書館に行くのは市販されていない古い文献や新聞のバックナンバーを調べるとき、あるいは一冊数万円するような高価な本を読むときです。

その意味では、近くにある大学の図書館がおすすめです。今は大学の図書館は多くが地域に開かれています。一般の図書館にはない専門書や稀覯《きこう》本がたくさんある。自分が真剣に勉強したいというテーマがあるなら、大学の図書館こそ活用すべきです。

大学の施設はOB、OGに対して基本的に好意的なので、自分の出身大学ならなおのことおすすめです。そういう施設を効果的に活用しましょう。

あとは、地域のコミュニティセンターなども勉強するには意外に有効な空間です。図書館よりは人が少なく、利用スペースもけっこう余裕がある。実際に行ってみると学生や社会人などが勉強スペースとして活用しています。地域によってさまざまな公共施設があるのでチェックしてみるといいでしょう。

余裕があれば自習室やレンタルオフィスを

勉強するのにいいのは自習室です。図書館の読書室は意外にザワザワしていて、集中しにくいことがあります。

しかも昨今のコロナ禍であれば、できる限り大勢が集まる場所は避けたいもの。はっきりした目的のある人なら、お金がかかることがモチベーションにつながります。

最近の自習室はラウンジや個別ボックス、会議室などの施設が組み合わされたものが多い。平日限定の会員であれば、都心でも月額5000円くらいから利用できます。

ただし、金額が安いものはパーティションで仕切られた机が並んでいるだけということもあり、集中しづらいという人もいるでしょう。月額1万5000円から2万円くらいになると、ボックスタイプでより集中できるものがあります。

私は出張で京都に行くことが多いのですが、学生から教えてもらった自習室をよく利用しています。学生の街ということもあり、これが非常に集中できる。

自宅とは別に自分の部屋を持つことについては前述しました。自分だけの空間と場所を確保することで、自分自身にもまた夫婦の関係にもプラスの効果がある。ワンルームマンションとまではいかなくても、ちょっとした勉強スペースがあればいいという人は、このような自習室を借りるのもひとつの方法でしょう。

もう少しスペースがほしければ、レンタルオフィスを借りる手もあります。たとえば新宿のパークタワーの30階にある施設では、月額2万円程度からスペースを借りることができ、会議室やオフィス機器などを利用することができます。

オフィスとして活用することもできるので、勉強はもちろんですがビジネス利用もできる。リタイア後に何かスモールビジネスをしたい、独立した仕事スペースがほしいという人は、このようなレンタルオフィスも視野に入れるとよいでしょう。

大学の教科書には当時の感情が詰まっている

還暦をすぎて読む本はどんなものがいいか？　もちろん、自分が興味のあるものを優先して読むということでいいと思います。そのうえで、豊富な時間を利用して今まで読みそびれてしまっていた本に再チャレンジしてはいかがでしょう。

誰でも、学生時代に挑戦して途中まで読んだものの、いつの間にか挫折した本があるはずです。そんな本に再度挑戦してみる。古典の長編小説などはその最たるものでしょう。世界的な名著、古典と呼ばれながら、これまで手をつけてこなかった本もたくさんあるはずです。ドストエフスキーの『カラマーゾフの兄弟』や『罪と罰』、ゲーテの『ファウスト』やユゴーの『レ・ミゼラブル』のような、いわゆる古典中の古典です。

意外なおすすめは大学時代の教科書です。あなたが法学部出身だったら、法学や法律の教科書、商学部なら経済学や会計学などの教科書でしょうか。ご自身の学生時代にどんなテキストを使っていたか、それぞれ思い出してみてください。

そういえばこんな本を使っていた、教科書を買ったということを思い出すだけでも、記憶の訓練になります。昔の教科書もネットで探せば安く購入できる。昔の教科書は、意外にも古本でいまだに流通しているのです。表紙を見ているだけで、自分がかつて大学生だったころの空気や周囲の景色、友人などを思い出すことができます。

その懐かしさ、自分の原点に返る感じがいい。まだ溌剌《はつらつ》とした気概に満ちていた若いころの自分を思い出す。徹夜でマージャンしたなとか、海へ行ったなとかスキーに行ったな、なんて学生生活を思い出す。気持ちが若返り、学習意欲が出てくるのです。

教科書を読んでいると、自分は学生時代にあまり勉強しなかったと思っている人でも、意外に多くを覚えていることに気づきます。試験対策で覚えていたとしても、教科書を読み返せば不思議にすぐ理解できて驚くこともあるはずです。

あらためて学問の面白さに目覚め、どんどん深掘りしていくと、大学時代は苦痛だった勉強も面白く感じられるかもしれません。

もし大学時代のノートが残っていたら、これもよく見てみましょう。当時感じていた以上に、自分はこんなに難しいことを勉強していたんだと気づくかもしれません。また、卒論が残っていたら読み直してみる。意外にいい視点を持っている、しっかりした文章を書いていた、今であればこう書くのに、などの発見があります。参考文献が書かれているはずなので、それをもう一度読んでみる。さらに自分の卒論のいい点、悪い点を分析して、続編に挑戦してみるなんていうのも面白いかもしれません。

それをきっかけに、何かテーマを絞って5年ほど勉強を続けられれば、もはやその分野のちょっとした専門家です。それをきっかけにして勉強会や研究会などに入り、同好の士と出会ってさらに刺激を受けることができる。すると勉強の連鎖、教養の連鎖が生まれて、世界がどんどん広がっていきます。これは、還暦後の勉強の醍醐味でしょう。

オンラインを活用して学びの幅を広げる

難しい本は一人で読むより、読書会などで他人の力も借りつつ読むという方法もあります。案内人が知識や教養のあるしっかりした人なら、テキストの解読はもちろん周辺知識も教えてもらえるので、自然に興味と理解の幅が広がるはずです。

古典のなかでも古文や漢文などは、しっかりした知識の積み重ねがなければ読み進められません。その場合も、手引きやアドバイザーが不可欠になります。

①大学の先生などが開いている講座に通う、②いい手引書を読む、③本の読み方のアドバイザーを見つける、といった方法があります。

①は大学の公開講座や新聞社などが主宰しているカルチャーセンター、放送大学や市民大学などがそれに当たります。

今は大学の授業をオンラインで自由に見ることができます。たとえば東京大学の講座がオンラインで見られるのが「UTokyo OpenCourseWare」です。

興味のあるキーワードで検索できるとともに、学部（学科）、学年や学問分野で検索すれば自分に合った講義を見つけることができます。

またJMOOCというオンライン大学講座は、全国各地の大学の先生による講義など累計430講座を基本的にすべて無料で視聴できます。1週間単位で10分程度の動画講義が5〜10本公開され、見終わると小テストがあり1週間ごとに課題が提出されます。これを

4週間で修了すると修了証がもらえるというシステムです。

ほかの受講生と討論したり、担当教授と話をしたりできる対面授業もあるので、本格的に学びたい、アドバイスがほしいという人には適しています。

オンラインで自分が興味のある講義を無料、または安く視聴することができる時代ですから、大いに活用したいものです。
②のいい手引書を読むというのは、いつの時代でも有効な方法ですが、手引書自体どんなものを選んだらいいかという話になると、やはり③のアドバイザーが必要になってくるかもしれません。
アドバイザーを見つけるのはなかなかハードルが高い。大学の講座に通ってその先生と懇意になるか、受講者のなかで自分より詳しい人に教えてもらうという手もある。

最近はコロナの影響もあって、オンラインサロンのようなものも盛んになってきました。オンラインサロン自体は先の3つのうちでは③のアドバイザーに近いものです。オンラインサロンは講座と違って双方向性があることで、勉強の方法や本の選び方、読み方について直接教えてもらうことができます。

難解な専門書やマイナーな古文などを読む場合は、オンラインサロンを活用するのもありでしょう。直接疑問を投げかけられるので、理解のスピードは速いです。

まっとうなオンラインサロンの選び方

ただしオンラインサロンはそれこそピンキリ。なかには怪しいものもあるので気をつけなければなりません。オンラインサロンには次の3つのタイプがあります。

①ファンクラブ的なもの

主宰者に私淑している人、サポートしたいという人が集まります。一種のクラウドファンディング的な要素があります。

②あるテーマに沿って期限付きの講義やセミナーを行うもの

たとえば『源氏物語』や『太平記』などの古典を読むというような、ひとつのテーマで期間を区切って行うオンラインサロン。具体的な知識や教養を身につけるにはおすすめのサロンだと言えるでしょう。私もダンテの『神曲』を読み解くという講義を2年以上続けています。

③マルチ商法まがいの自己啓発セミナー的なもの

これには絶対近づかないようにしましょう。宗教やスピリチュアルを入り口に、高額な教材や商品を購入させられてしまう詐欺的なものが多くあります。授業料自体はそれほど高くないことが多い。いいオンラインサロンは双方向性があり、質問にもしっかり答えてくれます。課題のレポートなども評価や反応がすぐ返ってくるのがいいサロンの特徴です。

参加人数をチェックしてみましょう。100人を超えていれば双方向コミュニケーションはできません。単なる講義にすぎず、もはやサロンとして機能していない。

あらかじめ録画した講義を流して、最後の15分くらいで質疑応答を受けるという形のオンラインサロンもあります。手抜きと時間稼ぎがあからさまに見えるサロンは避けた方がいいでしょう。参加人数が2ケタ、できれば20人以下のものが望ましい。

定年後の教養を身につけるのに、オンラインサロンという選択肢もあることを覚えておいて損はありません。その場合、良質なものを選ぶことが鉄則です。

なぜ高齢者にネトウヨが増えているのか

還暦をすぎたら歴史を学び直し、深掘りするというのは大切な教養のひとつ。国際化の流れのなかで、自国の歴史や文化を理解し発信する力が求められています。それによって、自らのアイデンティティを明確にすることが、相互理解の大前提となるからです。

ただし、ここで注意しておかなければならないことがあります。日本の歴史を学ぶなかで、間違った情報や解釈から、狭隘《きょうあい》なナショナリズムに向かう怖れがあるのです。

最近、高齢者のネトウヨが増えているそうです。ネトウヨとはネット上で右翼的な言動を展開する人たちのこと。2017年、「余命三年時事日記」というブログが読者を扇動し、朝鮮学校に対する補助金打ち切りに反対した弁護士に対して、大量の懲戒請求を弁護士会に送りつけるという事件がありました。

それに対して弁護士側も損害賠償を求めて提訴。2019年4月、東京地裁が懲戒請求を行った6人に対して慰謝料の支払いを命じました。このとき、懲戒請求を行ったのは60代、70代の高齢者も多かったことで、高齢ネトウヨの存在が注目されました。

ネットに関係なく、若いときはリベラルだった人が還暦を境に右翼的な思想に傾き、過激な言動をとるというケースは少なくないようです。

書店に足を運んでみても、日本の歴史や民族に関する本には常に一定の人気があります。しっかりした論考やリサーチに基づく書籍もありますが、日本人は特殊な能力を有した単一民族だという誤った認識に基づく日本礼賛本や、他国に対する偏見と悪意に満ちたヘイト本なども多く見かけます。科学的な根拠も論理性も感じられない、いわゆる「トンデモ本」がベストセラーになっていることも珍しくありません。

ネットでも、「明治維新の隠された真実」「太平洋戦争に突入した本当の理由」などの目を引く言葉で講座や書籍を販売しようとする広告が増えています。歴史への興味が強くなる還暦前後の世代が食いつきやすいようです。

歴史の検証、研究という作業を通じて、日本や日本人の価値を再認識するのはいいことですが、それが偏狭なナショナリズムに結びつくと途端に隘路《あいろ》に入り込んでしまいます。

高齢者を襲うナショナリズムという病

ナショナリズム（国家主義・民族主義）というのは、実はなかなか難しい概念であり現象です。アーネスト・ゲルナーという英国の哲学者が、『民族とナショナリズム』（岩波書店）という本でナショナリズムの本質を鋭く考察しています。

ナショナリズムは国民国家が誕生し、産業社会が誕生することによって必然的に生み出されたものだとゲルナーは指摘します。

産業社会によってつくられた封建的なシステムから解放された多くの人々は、家や土地、地域といったしがらみから自由になります。一方、自由は同時に不安や孤独を伴いますが、それを解消するのが文化的な同質性であり、民族的な同質性。これがナショナリズムへとつながっていくのです。

産業社会はその進展とともに、これもほぼ必然的に貧富の差を生み出します。この格差は当然、人々に不満と怒りの感情を呼び覚まします。ナショナリズムは、それを解消するための有効な手段としても使われるのです。

不安から国民の目をそらすために、あえて他国を悪者にして攻撃する。ナショナリズムを高めることで内部の矛盾や緊張をごまかすというのが、国家の常套手段でもあります。特に、最近は経済のグローバル化が進むにつれて自国優先主義が台頭しています。自らの求心力を保つために、各国の指導者がこれまで以上にナショナリズムを煽るという傾向が強くなっているように思います。

このようなナショナリズムは、現代社会における持病の一種だと言えるかもしれません。それはもはやひとつのドグマ（教義）、宗教になっているというのが私の見立てです。

キリスト教や仏教など、本来の宗教は今やかつてのような絶対性を持っていませんが、代わりに現代の宗教と呼べるものが4つあると考えます。それは「拝金教」「出世教」「偏差値教」「ナショナリズム」の4つです。

現代人にとってお金と出世、それに結びつく偏差値、そしてナショナリズムは絶対的なもの。誰もがこれらに価値を見出し、追い求めているといっても過言ではありません。

なかでも拝金教と出世教が最も強い宗教でしょう。しかし、この2つは還暦をすぎるとその価値はしぼんでいきます。そして偏差値教もすでに学生からは遠く離れていますから関係ありません。最後に残るのがナショナリズムという宗教なのです。

陰謀論に取りつかれてしまう人の特徴

どんなに時代が進んでも、宗教的なものを求めるという人間の本質は変わりません。新型コロナの蔓延、地震や台風などの天災、経済の停滞と二極化……。ますます先が見えない時代になり、閉塞感と不満がたまっています。

しかも還暦をすぎた世代には、歳をとっていくことの不安や孤独も加わります。何かにすがりたい、帰依したいという気持ちが強くなってくるのは当然のことです。

そこで、自分たちの民族や国家、歴史や文化に強く帰依して自尊心と矜持《きょうじ》を保つ。それ自体が悪いわけではないのですが、得てして他国や他民族に対して排他的になり、差別主義的になるのが問題です。現代の、しかも還暦をすぎたシルバー層が最も入信しやすい宗教がナショナリズムだと言えます。

少し前のテレビ番組に日本礼賛ムードが目立っていたのも、そのひとつの表れでしょう。日本人や日本文化のここが凄いと、やたら外国人が感心したり、驚く顔を見て満足したりする。なんとも自己満足的な気持ち悪さを感じたのは私だけではないはずです。

実は戦前の一時期、同じような風潮があったのをご存じでしょうか。

日本のあるジャーナリストが、いかに日本民族が優れているかを羅列した本が当時のベストセラーになった。それが日本人は和式便所を使っているから足腰が強い。だから欧米人よりも優れているといった、なんともバカバカしい内容なのです。

ネットに流れる怪しい情報やトンデモ本などを鵜呑みにしてしまうのは、意外にも有名大学を卒業し、社会人としてまっとうに仕事をしてきた人に多いようです。たとえば、東日本大震災はある組織が人口抑制を図るために地震爆弾を仕掛けたために起きた、新型コロナは米中が互いに違うタイプのウイルスを相手国にまき散らしたウイルス戦争だ……。

フリーメイソンの世界支配説など、昔からさまざまな陰謀論がありました。実際、歴史的に世界各国の政治家や要人がフリーメイソンに入っていて、政治や経済を牛耳っていたことは事実かもしれません。だからといって、彼らがどこかでひそかに会合を開いて、世界を支配しようと陰謀を企んでいるなどということはありえません。

共同謀議があるかどうかが大事なポイントであり、それが証明されない限りはフリーメイソンが陰謀集団だということはできない。しかしフリーメイソンがかつて各国の要人に多かったということだけで、そこに陰謀があるかのように錯覚してしまうのです。

相関関係と因果関係を混同しない

これは、相関関係と因果関係をとり違えているとも考えられる。相関関係はあるが、因果関係はないということが世の中にはたくさんあります。相関関係とは、Aの数が増減したとき、もう一方のBの数も同じように増減があるという状況。かたや因果関係とは、Aが原因になってBという結果が起きる場合、AとBには因果関係があると表現します。

相関関係と因果関係の違いは、よく子どもの学力と体力の関係でたとえられます。

全国の小学生の体力テストと学力テストの結果を分析したところ、体力の高い都道府県の子どもほど、学力が高いことが判明しました。つまり体力と学力は相関関係があるということです。これをもって、「体力を高めれば学力が上がる」と言えるでしょうか。それを正しいと考える人はいないでしょう。体力と学力の間に相関関係はあっても、明確な因果関係はないからです。

もうひとつ、ある晴れた日にアイスクリームの売り上げが上がったとしましょう。天気と売り上げに明らかに相関関係はある。では晴れていることが原因でアイスクリームが売れたと考えていいでしょうか？

晴れていても、冬の寒い日にアイスクリームは売れません。夏の暖かい時期に晴れていて気温が上がったから売れたわけです。つまり、晴れていることとアイスクリームが売れたことに、直接の因果関係は成り立っていないのです。

このような相関関係と因果関係の違いをしっかり認識していないと、トンチンカンな結論を招いてしまうことになります。

陰謀論は、このような相関関係と因果関係を意図的に取り違えることで、あたかも論理的に成り立っているかのように偽装しています。まったく何も関係のない偶然の出来事を、あたかも必然の出来事であるかのように感じさせる。単なる偶然なのに、それがある企みによって引き起こされていると強引にとらえるのです。

人間には物語をつくる習性があります。愛する人と出会ったのは偶然にすぎないとしても、「これは運命だ」と必然的なものを感じるのはよくあることでしょう。むしろそうやって物語をつくる力が人生を豊かに、意味あるものにしてくれるとも言えます。

私のようにキリスト教に帰依し、宗教を学んだ人間からすると、人間の想像力が不安を解消し、強く生きるための原動力になることに疑いはありません。

陰謀論も根本は同じだとすれば一概に否定できないのかもしれませんが、人間は誰しも不条理な思考に取りつかれる資質があると客観的にとらえ、自分を戒めることも必要です。

偏見や差別に基づいた学びは害になる

これは年代と関係ありませんが、さまざまな知識や情報を得たとしても、それが非論理的な解釈や理解でゆがめられると、偏見や差別を引き起こしてしまう危険があります。

差別的な、ゆがんだ視点から物事を見ると、それを補強する都合のいい情報や知識ばかりを選択するようになってしまう。本人は一生懸命に勉強して、自分にとってだけでなく世の中にとっていいことをしているつもりでも、偏った情報選択をして、偏見や差別的な思考をどんどん強化しまき散らしているだけ、というケースがあります。

歴史を勉強する際にも、このことを十分に意識する必要があるでしょう。戦後の一時期、進歩的な左翼思想が若者を中心に広がりましたが、70年以上たった今、その世代の人たちが今度はナショナリズムを扇動する主体になっています。

たしかに戦後、米国に主導された東京裁判などが、私たち日本人に何らかの影響をもたらしたとは言えるでしょう。

東京裁判の裁判官の一人、インドのパール判事は、日本人が自分たちの国を単なる侵略国として完全に自己否定したときの悪影響は、日本人にとって広島と長崎に落とされた原子爆弾より深刻で根深いものになるだろうと予言しました。

だからといって、戦前戦中の日本の政策がすべて正当化されるわけではありません。歴史をさまざまな角度からとらえ、冷静な視点を持つ必要があります。

昨今の日本は経済的にも世界から取り残される傾向にあり、その反動でナショナリズムの劣情を煽る人がますます増えます。「本当の真実が知りたい人はこの本を買え」「セミナーに参加しろ」というようなものに、安易に引っかからないようにしたいものです。

真の教養とは物事を相対化する力

ナショナリズムがひとつの宗教であるとするなら、そんな怪しい宗教に帰依するより、数千年続いている伝統宗教や社会に受け入れられている新宗教に帰依した方がずっと健全だと私などは考えます。ところが高い授業料を払ってトンデモ歴史を学んでいる人たちは、自分たちはアカデミックとまで言わずとも、ちゃんとした知識を身につけているのだと信じて疑いません。

そして、宗教に帰依するよりレベルが高い場所にいるようにも感じています。しかし何のことはない、それは偏見と差別に満ちた情報であり、自分たちが絶対に正しいと考えるドグマを信じる原理主義なのです。

そもそも真の教養とは幅広い知識と見聞を深めることで、物事を相対化してとらえられる力だとも言えます。

歴史や民族も多様であり、国家もまた多様です。それぞれの価値観に自分たちの物語や信条がある。どれが真実でどれが間違っているというわけでもなければ、どれが優位でどれが劣位かといったヒエラルキーも、絶対的なものはないのです。

相対化するということは相手を認めることであり、自ずと多様性を受け入れることにつながっていきます。ごく簡単に言うならば、真の教養とは相手の立場になり、相手の思考と感性に合わせて想像し、理解することができる力だと言えます。

ですから真の教養は偏狭なナショナリズムとは、真逆のものだということ。そしてその偏狭な思考に取りつかれないようにするためには、ナショナリズムの構造と今の社会の構造をしっかりと把握しておくことです。

そのために先ほどのゲルナーなどの著作を読み、さまざまな構造を知っておく。因果関係と相関関係をはき違えないようにして、論理的な思考を身につける。その意味で数学なども、還暦からの教養としてぜひ思い出しながら学ぶ。このような学びこそが真の教養につながります。

逆に、どんな人が教養人か？　と聞かれたら、差別意識や偏見の少ない人であり、多面的に物事を見ることができる人だと答えれば、まず間違いありません。

ナショナリズムや商業主義、拝金教など、現代は一見宗教ではないけれど、その実さまざまなドグマに知らないうちに縛られています。むしろ皮肉なことに、それらを相対化し解放される一番有効な方法が、実はしっかりした宗教の考え方に触れることだと考えます。

一種の逆療法のようなものでしょうか？　宗教の考え方や教えには、現代社会の価値観からかけ離れたものもあります。あえてそのような考え方に触れることで、今の社会や今の時代に当然と考えられている価値観や考え方を相対化するきっかけになるのです。

第6章

還暦からの死との向き合い方

平均寿命ではなく「平均余命」が重要

還暦をすぎていよいよ私たちは人生の最終コーナーを回り、ゴールへ向かって最後の直線に入ります。

今はどんなに元気でも、そう遠くない将来、死という人生のゴールはやってきます。どうその準備をするかということは、還暦をすぎてからの大きなテーマでしょう。

今や日本人の平均寿命は女性が87・45歳、男性は81・41歳（2019年、厚生労働省調べ）となっています。これは、今60歳の女性が平均であと27年生きる、男性が21年生きるということではありません。

この場合は平均余命という数字を見る。すると60歳での平均余命は女性が89・17歳、男性が83・97歳となっていて、平均寿命より長生きすることがわかります。これは60歳以前に亡くなった人を除いて計算するので、長くなって当然なのです。

ですから、還暦を迎えてもだいたい30年は生きるということを前提にして考えること。「意外に長い」というのが実感ではないでしょうか。このことを認識してから自分の死までの大まかなイメージを描かないと、思わぬ失敗をすることがあります。

たとえば保険でも、毎月かけ捨てで死亡時に一定額の死亡保険金を受け取れるものがあります。この場合、ある一定以上長生きすると、死亡保険金より支払う保険料の総額の方が高くなってしまう。自分はせいぜい平均寿命くらいまでしか生きないだろうと考えていたら、意外に長生きしてしまった——。このようなケースは実際によくあります。

平均寿命ではなく平均余命で考えると、自らの介護について考えるときも現実的で間違いがありません。

平均余命で面白いのは、仮に男性が平均寿命を超えて85歳まで生きたとすると、その時点での平均余命は6・46年もあって平均で91・46歳まで生きるのです。90歳の平均余命は4・41年で、平均で94・41歳まで生きる。

もちろん、どんどん該当者は少なくなりますが、長生き家系の人は100歳近くまで生きるという心づもりでいた方がいい。「自分はせいぜい80歳まで」なんて考えていても、そのときになってみなければ寿命など誰にもわからないのです。

「あと何年生きるか」を明確に想定する

還暦を迎えると、誰もが潜在的に死というものを意識し始めます。50歳をすぎたあたりから、同級生や同僚に病気などで倒れたり、亡くなったりする人が出始めます。

自分自身も体力が落ちたり、血圧、肝臓、腎臓の数値が悪化して、糖尿病などの危険信号が点灯したりする。白髪が増えて足腰が弱り、膝が痛くなって、若いころの体ではないことを痛感する——。これは多かれ少なかれ、誰しもが感じていることでしょう。

少しずつ老化が身に染みるようになり、死が間近に感じられるようになる。そして親の死を体験することで、自分の20年後、30年後のリアルな姿として迫るようになります。

人間は死を避けられないのだという現実、割り切らなければならない最大のものが死であるということに、否応なく気づかされるのです。

そこで、きちんと準備をしなければならないことがあります。

まず自分の健康状態をしっかりと把握すること。そのうえで、どれくらいまで生きられるか、あるいは生きるのかをざっくりでいいので自分のなかでイメージする。

健康診断や人間ドックなどで、自分の体をしっかりチェックすることは、年齢を問わず大切です。血圧、コレステロール値や血糖値、肝臓や腎臓、心臓の状態を把握して、どこがどの程度悪いのか、今後悪化していった場合、どれくらいでどんな状況になるかをあらかじめ想定しておきます。

たとえば血糖値が高く、糖尿病予備軍の人であれば、食習慣を中心に生活全般を改善していかなければなりません。主治医としっかり話をして、今の状況と今後の状態の予測を確認する。それをふまえて、自分があと15年元気で生きていくとしたら、どのようなことに注意しなければならないのかを明確にしておきましょう。

健康については、データに基づいたさまざまなエビデンスが蓄積されているので、食生活をはじめとした日常生活の何を、どのように改善すればいいか、やるべきことは自ずと導かれてくるはずです。

私の場合、腎臓の数値がかなり悪化していることはすでにお話ししました。人工透析は時間の問題ですが、少しでも透析を先延ばしにして、自由に動ける人生の残り時間を増やしたい。そこで医師とじっくりと話をして出た結論が、体重を落とすということ。余命を伸ばすなら、まず体重を落とさなければならない。私の場合は特に悠長にやっている時間がないということで、カロリーをかなり制限しています。

どこかで透析を受けなければならないことはたしかですが、それを少しでも先に延ばし、余命を少しでも長くして、活動できる時間をもう少し確保したいというのが今の私の率直な気持ちであり、目標なのです。

落ち込んだり悲観したりして、感情的に反応してもいいことはひとつもありません。現実と向き合って、やるべきことを淡々とやる。健康管理に関しては、主治医と二人三脚で目標に向かってできる限り科学的、合理的に行うだけです。

健康と介護にどれだけお金をかけられるか

平均余命と同じくらい重要なのが健康寿命です。健康寿命とは介護や支援などを必要とせず健康で自立した生活を送れる期間のこと。自分の健康寿命と平均余命を設定すると、老後生活におけるさまざまな方針が定まってきます。

厚生労働省が発表している健康寿命は、女性が74・79歳、男性が72・14歳（いずれも2016年）です。これを平均寿命と比較すると、女性はその差が12・35年、男性は8・84年もあるので、健康寿命をすぎてからのほぼ10年間、何かしらの支援や介護が必要になるということになります。

自分の健康状態を勘案して、自分がいつまで働けるか、いつくらいから介護が必要になり、どんなサービスを受けることになりそうかを自分なりに想定しておくべきでしょう。

それに合わせて、まずしっかり考えなければならないのがお金の使い方、割り振り方です。第4章でお金に関してはいくつかポイントを挙げましたが、自分の死から逆算して、お金をどうやりくりするかを考えることが重要です。終活を見すえたマネープランを立てる。健康の問題と同じく、お金の問題でも余計な感情を挟まず、淡々とやるだけです。

まずはあなたの持っている資産がどこにどれだけあるのか？　預貯金や株式、投資信託、金などの金融資産と、不動産などを含めた総資産のリストをつくりましょう。

同時にどのような保険に入っているか、生命保険、火災保険など保険の種別、保険金の額などがわかるようにリスト化しておきます。こうして資産の棚卸し、見える化をしておくと、自分の資産状況について意外に把握できていなかったと気づくことがあります。

資産をリスト化すると同時に、仕事や年金による収入の額をしっかり把握しておきましょう。自分の資産、お金がどれくらいあって、どれくらい使えるのかは、1年に1回確認するくらいで十分です。毎年の確定申告の際にするのが一番いいと思います。エクセルが使えるなら、項目を書き出して毎年の数字を書き込んでいく。一度つくれば、あとは毎年入れていくだけで立派な資産表になります。

しかし、介護に際して具体的にどんなサービスが受けられるか、想像できないという人が多いかもしれません。大きく分けると、体が動く自立したシニア向けの施設には、公的施設としてケアハウス（軽費老人ホーム）があり、民間施設としてはサービス付き高齢者向け住宅、シニア向け分譲マンション、健康型有料老人ホームがあります。

一方、要介護者向けの施設としては、公的施設として特別養護老人ホーム（特養）、介護老人保健施設（老健）、介護医療院などがあり、民間施設として介護付き有料老人ホーム、住宅型有料老人ホームなどがあります。

これらの施設をだいたいどの段階で、どの年齢から利用するか。それによって、どのくらいお金が必要なのかを想定できます。ネットで調べれば、これらの施設の詳細やメリット・デメリットなどについて知ることができるでしょう。そのうえで、自分の地域にある施設の入居条件、サービス内容、利用料金などを調べておきます。

かかるお金は施設の種類によって大きく変わってきます。公的なものは当然安く、年金の範囲内で入居が可能なものもあれば、シニア向け分譲マンションなどの高額な民間施設もあります。こちらは入居費だけで数千万円から数億円、毎月数十万円と、ごく一部の富裕層でなければとうてい利用できないものまであります。

遺産が少ないほど相続でトラブルになる

遺産の相続についても、けっしておろそかにはできません。2018年の家庭裁判所の司法統計資料によれば、裁判所で争われた相続案件のうち、遺産の額が1000万円以下が34・66％、1000万円超から5000万円以下が45・48％。

自分はたいした遺産などないから大丈夫だという思い込みは危険です。不動産があって金融資産が多少でもあれば、それだけで1000万円は超えます。遺産が少ないから相続争いが起こらないということはなく、むしろ少ない方が起きやすいとさえ言えるのです。

第4章で遺言書について解説しましたが、特に不動産がある場合は分配で揉めることが多いので不可欠です。

地方の農家などでは農地の相続という問題も出てきます。たとえば子どもたちが全員都会に出て就職、結婚していて農家を継ぐ気がないとなると、自宅はともかく農地はどうするか。残された人たちにとっても、下手に相続して必要のない土地の税金だけを毎年払わされるということになっては大変です。

家族による事前の話し合いが不可欠です。今は都会生活になじんでいる子どもたちも、あるいは定年間際になったら田舎暮らしをしようと考えているかもしれません（それが大変なことは第3章で説明しましたが……）。家族が予想もつかないような将来設計をしていることは十分ありえます。

遺言書を書くなどまだまだ先のことだと考える人が多いでしょうが、注意したいのは認知症です。認知症と診断されてからだと遺言書が無効になってしまうケースが多く、それが紛争の種にもなりかねません。

遺言書は元気なうちに書くこと。そのためには、先ほどお話しした資産のリスト化＝見える化が先決ということになります。

残された人に葬儀の負担をかけない

ここまでくれば、自分の葬儀をどうするかまで決めておくべきでしょう。

日本消費者協会のアンケート（２０１７年）によれば、葬儀費用の全国平均は約１９６万円です。意外に大きな金額だと思われるかもしれません。内訳は式自体に１２１万円、飲食代として30万円、読経料・戒名料が47万円となっています。これらの数字は地域や調査で異なるので、あくまで参考程度に考えてください。

最近はコロナ禍もあり、葬儀をできる限りごく身内で、小規模にやるという人が増えています。その場合は30万円から50万円ほどでできるプランもあり、都市部に住む人などはそれが中心になっているようです。

事前にネットで調べて、自分がどんな葬儀をしたいかを明確にしておく。そして、それを事前に配偶者や子どもに伝えておくだけでもいいでしょう。

どんな宗教、どんな宗派にするのか。どこのお寺に頼むのか。地方は檀家制度がまだしっかり残っているところも多いので迷うこともありませんが、都市部の人は必ずしも形式に縛られることなく自由に選択できる。家族葬や友人葬にするという選択肢もあります。そうしたことも含めて自分が元気なうちにしっかり家族と話し合い、決めておくべきでしょう。

ちなみに、周りに負担をかけないよう葬儀費用を保険でカバーすることはすでに紹介しましたが、あらかじめお金を積み立てる互助会制度も活用できます。

月々約1500円から3000円を積み立て、30万円から50万円を満額とするコースが一般的。全国に約1600カ所ある斎場を利用することができて、非会員だと80万円から100万円かかる葬儀がその金額でまかなえます（ただし、葬儀のメニューによっては追加で料金を払わなければならないケースもあります）。地元の互助会はネットで簡単に調べられます。また、知り合いで利用経験がある人がいたら話を聞いてみましょう。

葬儀会社はプロですから、葬儀のコースを決めてお金を払えば、あとは安心して任せられます。下手に自分たちの手でやろうとしたら大変な労力が必要です。上手に葬儀会社を利用して、自分が納得のいく形、できるだけ周囲の負担にならない形を探しましょう。

こうしたことをシミュレーションする一番の方法は親の死と葬儀です。自分の親が存命で頭がしっかりしているのであれば、親の葬儀に関して一緒に話をしてみる。親がどんな葬儀を望んでいるのか、その費用をどう考えているのか話し合います。

　葬儀費用を積み立てているのか、あるいは資産から捻出するよう希望しているのか、はたまたほとんど考えていないのか……。

　いずれにしても、もしあなたが長子で親の喪主になるということであればなおさら、しっかり話をしておく。親が何かあったときに知らせる親戚や知人について、住所や電話番号などをリストにして、親に代わってまとめておくといいでしょう。いざというとき、あわてることなく連絡できます。

　これら一連のことが、そっくりそのまま自分の葬儀の準備につながります。葬儀会社、お寺、互助会など、親が世話になったところに引き続き自分もお世話になるということであれば安心だし、労力もかかりません。

〝尊厳ある死〟を迎えるためにすべきこと

　もうひとつ、あらかじめ取り決めておきたいのが延命治療に関することです。もし自分が病に倒れて回復不可能な状態に陥ったとき、それでも延命治療によって生を永らえたいかどうか。家族が迷いなく決断できるよう、あらかじめ意思を表明しておく。

「延命治療を行って、できるだけ生き続けたい」と望む人はそれほど多くないかもしれません。しかし、本人が意向を表明しないまま意識も判断能力もない状態になってしまうと、周囲の人が延命治療をしないと判断することは非常に難しい。

そのため、元気なうちにあらかじめ自分の意思を周囲にしっかりと伝えておく。書面にして残すまではしなくていいでしょうが、複数人に口頭で、そのような状況になったら延命治療を行わないように伝えておきましょう。

過剰な延命治療を施さず、自然な経過で死に至ることを「尊厳死」と呼びます。

現代医学は死をいかに回避し、いかに延命するかに重点を置いています。それによって通常であれば当然死に至っている患者も、人工呼吸器や胃ろうなどの管で何本もつながれ、本来の姿とはかけ離れた状態で生命を維持させられることになります。

自然な状態で、自然な経過で死を迎えたい。そういう思いが強い人は、尊厳死を選択して過剰な延命治療を施さないよう周囲に伝えておきましょう。

また、安楽死という言葉を聞いたことがある人も多いと思いますが、これは尊厳死とはかなり違う概念です。ほとんど助かる見込みがない状態の患者を、本人がこれ以上の苦痛を味わうことのないように、薬剤などを投与して生命を終えさせることを言います。

自然死とは違い、生命の終わりに人の手が介在することになるため、欧米でも根強い反対意見があります。ちなみに、現在安楽死が法律で認められているのはスイス、オランダ、ベルギー、ルクセンブルクなどのヨーロッパの国々と、米国ではカリフォルニア州やワシントン州などの数州だけ。日本ではまだほとんど議論もされていません。

難しいのは、医師の薬物投与によって死をもたらすことになるため、自殺あるいは自殺幇助《ほうじょ》罪との関係をどう整理するか。法制化した国や州でも、安楽死が認められるのはほとんどが「治る見込みのない病気で、耐えがたい苦痛がある場合」に限られています。

超高齢化社会の到来とともに多死社会が訪れることに間違いはないですが、安楽死に関しては多くの難しい問題があり、私自身は安楽死をすぐ法制化すべきだとは考えていません。高齢化社会で医療費負担が増えるなかで安楽死が法制化されると、安楽死を選択すべきだというような社会的空気が醸成されてしまう怖れもあるからです。

これが極端になると、健康な人だけが社会で生き残るべきだというような、ナチスの優生学に似た危険な思想と風潮が蔓延する怖れがあります。

安楽死については、あくまで死に対する考え方を深めるための参考としてとらえる。自分の死との向き合い方を整理する一助にとどめておくのがいいと思います。

キリスト教徒の死との向き合い方

尊厳死、安楽死の話が出ましたが、結局これらは医療の問題ではなく、死をどうとらえるか、死とどう向き合うかという哲学や宗教の問題になります。

還暦からの人生では、これまで見てきたようなお金や相続の問題、医療や健康管理などさまざまな問題がありますが、最も大きいのは死に対する考え方、死との向き合い方という自己の内面、心の準備だと思います。

死は誰にでも訪れるものですが、その実態、真実を知っている人は誰もいません。簡単な話、死んでしまえばもはや誰にもその経験を伝えられないからです。

死んだらどうなるのか？　この世での存在が消えたら無になるのか？　あるいは魂はまた別の世界へ行くのか？

そうしたことがまったくわからないことが、死の恐怖の実体です。古今東西、宗教は人間の死をどうとらえるかという問題に対して、それぞれに答えを出してきました。それが死の恐怖を和らげ、生きる意味を確認する効果があった。

特にどこかの宗教に帰依すべきということを言いたいのではなく、さまざまな宗教の死生観に触れることも、自分の死と向き合うときの大きなヒントになります。

私はキリスト教徒（プロテスタントのカルヴァン派）ですから、死についての考え方もそこに強く影響を受けていることは言うまでもありません。キリスト教では、死ぬと肉体も魂も一度完全に滅びてしまう。その滅びた肉体と魂がイエス・キリストの再臨で復活し、審判にかけられます。これが有名な最後の審判です。神を信じ、神の意向にならって生きたものはイエス・キリストと共に神の国に行き、永遠の命を得るとされています。

キリスト教徒は、それゆえに死こそが信仰の完成であり、神の国に向かうための門だと考えています。ですから死というものを怖れていません。命は自分のものではなく神のものであり、すべて神の意向と愛によって復活することを信じるのがキリスト教徒です。

「イエスは言われた。『わたしは復活であり、命である。わたしを信じるものは、死んでも生きる』。」（ヨハネによる福音書11章25節）

特にプロテスタントの人たちはその傾向が強い。プロテスタントは絶対他力を基本としていますから、自分がどんなに善行を行おうと、それが神の国に行けるかどうかに影響することはありません。すべては予め神が決めることなのです。

これを突き詰めると、人は生まれたときから、復活して神の国に行き永遠の命を持つ者と、滅び去る者とに分けられているということになる。では、どうせ最初から決まっているのなら何をしてもいいのか。当然ですがそうはなりません。そのように考える人は、そもそも選ばれていない人だからそう考えるのであり、選ばれている人は自ずと神の意志に従い、神にならって正しく生きていく。こう考えるのがプロテスタント教徒です。

ごく簡単に言ってしまえば、プロテスタント教徒は自らを選ばれた人間だと信じています。そして自分の命は自分のものではなく神のものであり、再び神のもとへ帰るべき命だと考えています。もちろん最後の審判の結果は神のみぞ知る、なのですが……。

ですから死は忌み嫌うものではなく、完成であり目的なのです。英語の「end」という言葉には「終わり」という意味と同時に、「目的」という意味があります。それはキリスト教的な時間概念が反映されているからです。

キリスト教では自分の生きていた時間、そして死とイエス・キリストの再臨、最後の審判から神の国へ、あるいは滅びへという流れは、明確に区切られています。死や最後の審判という時間の終わり（区切り）が、それぞれの完成であり目的なのです。

圧倒的なイエス・キリストの存在感

そこからキリスト教徒、特にプロテスタント教徒は危機に強いと言えます。なにしろ自分の死を怖れていません。自分の命は神のものであり、命が終われば永遠の神のもとに帰ると信じているのですから。

イエスそのものの生き方がそれを強化します。イエスは人間の罪を贖《あがな》うため、この地上に人の子として降りたちました。そして犯罪者として十字架にかけられ、自らの命を犠牲として捧げることでこの世の罪を贖い、私たち人間を救ったのです。

キリスト教徒はこのイエスの死を理想とします。十字架にこそかけられずとも、何かの犠牲になること、ほかの人のために尽くして助けることを望みます。それによって命を削ることがイエスの生き方にならうことであり、使命だと考えているからです。

したがって、ある意味で無敵の存在です。どんな窮地に陥っても、どんな厄災が降りかかっても、すべては神の意志として耐えることができる。困難と真摯に向き合い、それによって自分の命を犠牲として捧げることができれば本望だと考えます。

「一粒の麦は、地に落ちて死ななければ、一粒のままである。だが、死ねば、多くの実を結ぶ。」（ヨハネによる福音書12章24節）

自分の命を守って自分だけの命とするならそれきりですが、自分の命を捨てて犠牲になることで、多くの命（信仰）がそこから生まれるという比喩です。

非キリスト教徒から見れば大変なヒロイズムに酔っている人間、ちょっと困った人間にしか見えないかもしれません。ですが、それくらいイエスの生きざまは強烈で、2000年たった今でも、私たちの心や脳に訴えかける力を持っています。

イエス・キリストの存在感は、私たちに死の恐怖も、孤独の恐怖も乗り越えさせます。それどころか、死と孤独こそが喜びや安らぎであることを実感させます。

私が512日間、東京拘置所で検察の取り調べに屈することなく耐え抜くことができたのも、キリスト教信仰を持っているということが非常に大きかった。試練は神の意志であり、それを乗り越えることで神に近づくことができる。どんな不条理な出来事に直面しても、不条理であればあるほど自らと自らの信仰を確立する機会だと考えました。

また、腎機能が悪化して透析が間近になっても、新型コロナが蔓延しても、どこかに醒めた目を持っています。最悪の事態になることも神の意志であり、自分が受け止めるべき運命、宿命だからです。

「わたしは裸で母の胎を出た。裸でそこに帰ろう。主は与え、主は奪う。主の御名はほめたたえられよ。」（ヨブ記1章21節）

旧約聖書ですが、私の大好きなヨブ記の一節です。信仰あつく、働き者でたくさんの子宝と資産に恵まれたヨブに嫉妬した悪魔が、神に向かって賭けを持ちかけます。

「ヨブの信仰はしょせん財産と子どもに恵まれたからだ。それを奪ったらきっと神を呪うに違いない。どうなるか賭けをしよう」と。ヨブの信仰を疑わない神は、ヨブの命を奪わない範囲で好きにやるがいいと、賭けに応じます。

悪魔は事故を起こしてヨブの子ども全員、ヒツジなどの家畜もすべて殺してしまいます。すべてを失い絶望に打ちひしがれるヨブに、悪魔は追い打ちをかけて悪い疫病にかからせます。しかし、ヨブの口から出たのは先の言葉でした。そこには神を呪う言葉のひとつもありません。それどころか神をたたえ、叫ぶのです。

それにしても、神様も悪魔もあまりにひどい賭けをしたものです。賭けに負けた悪魔は退散し、ヨブは再び家族と財産を得ることになります。どんな厄災が降りかかろうと、どんなに不条理な状況に陥ろうと、信仰を捨てなかったヨブこそ理想的なキリスト教徒の姿なのです。

仏教における死のとらえ方とは

このような考え方は、仏教的、神道的な考え方とはかなり異なります。非キリスト教徒である日本人の多くは、これらの話を聞いてもすぐには腑に落ちないでしょう。日本人の多くが持っている〝あの世〟に関する観念は、以下のようなものです。

仏教における死は、すなわち肉体の死であり魂は別の場所に行きます。死後6日目までには花畑や賽《さい》の河原、三途《さんず》の川を渡ります。三途の川を渡り終わって7日目に閻魔《えんま》大王をはじめとする10人の大王の審査が始まります。

そこで生前の罪や悪がすべて審査され、49日目に六道《りくどう》のどこに生まれ変わるかが決まります。六道とは天道《てんどう》、人間道《にんげんどう》、修羅道《しゅらどう》、畜生道《ちくしょうどう》、餓鬼道《がきどう》、地獄道《じごくどう》の6つ。

天道とは人間より上級とされる天人が住むところで、ほとんど苦しみがなく、自由に生きることができます。人間道は私たち人間が住む世界であり、四苦八苦と呼ばれる苦しみの多い世界でもありますが、楽しみもある世界です。

修羅道は終始戦いと争いに明け暮れる修羅が住む世界。戦いが絶えず楽しみはないものの、地獄のような苦しみはない世界です。

畜生道は牛馬などの畜生の世界で、他者に飼われることで食べることに苦労はしないものの、自分という存在が稀薄です。自分で仏の力を感じることができず、救いの少ない存在とされます。

餓鬼道は食べ物を口に入れようとすると火になり、終始飢えと渇きに苛まれます。自分だけの欲望を満たし、他人をないがしろにしてきた人が陥る世界とされます。

地獄道は仏教における世界観では最下位にある世界で、大きな罪悪を犯したものが死後に行く場所。その罪の重さによって灼熱地獄、極寒地獄、阿鼻《あび》地獄、叫喚《きょうかん》地獄などに行くとされています。

この六道すべてが輪廻転生の輪のなかにあり、転生を繰り返しながら気が遠くなるような時間をこのなかですごします。いずれ解脱し、輪廻の輪から外れて永遠の悟りの世界に行く。これが基本的な仏教の死生観です。

仏教は因果論、キリスト教は決定論

ブッダは、この世の苦しみである四苦八苦はすべて人間の煩悩が引き起こすものであり、同時にそれが解脱を阻む元凶だと説きます。私たち人間は正しい認識と行い（八正道《はっしょうどう》）を実践し、煩悩を抑えて解脱し涅槃《ねはん》に入ることを目的にしなければならないと説きました。

このような仏教の死生観、世界観はキリスト教的なそれとは大きく違います。キリスト教では死後は肉体も魂も消滅し、最後の審判の際に復活しますが、仏教ではこの世界での肉体は滅びても魂は残り、それが六道を巡りながら再び肉体を得ていずれかの世界に転生すると考えます。

キリスト教の時間は一方向に流れる直線的なものであり、死と復活、最後の審判以後と質的に区切られているのに対して、仏教的な時間はほぼ永遠に繰り返し、同じ時間の流れが継続していると考えられます。

そして悪因苦果、善因楽果という言葉があるように、悪い行いをすると人生で苦しいことが起き、よい行いをすると楽しいこと、楽なことが起きるとされています。つまり仏教は因果応報であり、因果論が前提になっていると考えていいでしょう。

八正道を実践して善行を積むことで煩悩を滅却し、解脱を目指すというのが仏教であり、基本的には自力救済が原始仏教の本質です。

一方、キリスト教の考え方、特にプロテスタントの考え方は違います。プロテスタントは、前にもお話しした通り、神の国に行く人と滅びる人は決まっているという予定論をとります。そこにおいて自分の力は関係ありません。神が選んでくれるかどうかだけであり、また悪や罪を許してくれるのも神だけ。罪が深く不完全な人間の力では、どうすることもできないものだと考えます。

既存宗教はどう死に向き合っているか

科学技術が発達して、宗教的な考え方はすでに非科学的であると多くの人が考えていますが、同時に宗教的な意識は人々に根深く残っているというのも事実でしょう。日本人には、死ぬと魂は別の世界に行くのではないかという潜在意識がある。彼岸やお盆になるとお墓参りに行き、線香をあげて手を合わせ、亡くなった人の存在を思い出すのはその証左だと言えます。

日常生活でも、いいことをすれば自分にとっていいことが起きて、悪いことをすれば何かに罰せられないかと怖れる。宗教的な思考の原型がしぶとく残っているのです。

同じことが、キリスト教を信じる欧米の人たちにも言えます。中世以前ほどではないにしても、宗教的なリアリティは科学技術全盛の現代でも色濃く残っています。

なぜかと言えば、「死」というものがいまだに私たちにとって不可知なものであり、現代科学理論や科学技術をもってしても解明できていないからです。

むしろ現代ほど、死が見えにくくなっている時代もありません。近代以降、人間の理性を重んじ、客観的な知性を重視する風潮のなかで、目に見えない「死」は安易に語ることのできない領域となりました。

現代的な解釈では、死とは意識がなくなり、心臓が止まり、生体反応がなくなって脳が死んでしまうというひとつの物理的な現象としかとらえられなくなった。それ以上のこと、つまり物質的な現象の範疇を超えることにはあえて触れない、考えないというのが医学など、アカデミックな分野における暗黙の了解です。

ただし、だからといって死の不安や恐怖がなくなるわけではありません。むしろ宗教的なリアリティが薄まっているだけに、人々の死を怖れる気持ちが強くなっているというのが実情のようです。

その点、仏教にしてもキリスト教にしても、あるいはイスラム教やユダヤ教にしても、すでに長きにわたって命脈を保っている宗教は、いずれも死に対する向き合い方、とらえ方が明確です。葬儀などで一時的にせよそうした宗教に帰依する人が多いのは、死の解釈に揺るぎない安定感、安心感があるからでしょう。

還暦以降は、孤独や不安とどう折り合いをつけていくかがテーマだということはすでにお話ししました。それを突き詰めれば、死が間近に迫ってきていることにつながります。

死の不安と恐怖を和らげ、人生を有意義で価値あるものとするために、既成宗教の死に対する考え方を学ぶこともひとつの方法です。あらためて調べてみると、知っていたようで知らないこと、思いがけない発見があり、興味は尽きないと思います。

もちろんそれは、何らかの宗教に入信することを意味しません。仏教やキリスト教などについて、書籍などを通してその思想や行動原理を知っておく。それぞれの宗教が大切にしていること、何を忌避しているのかを知る。

生きるとはどういうことなのか、死とは何で、それとどう向き合っているのか。そういった視点で俯瞰するだけでも、大きな参考になると思います。

最も避けなければならないのは、孤独や不安につけ込み、あたかも必ず救われるかのようにふるまう怪しい新興宗教や詐欺などに引っかかってしまうこと。それを避けるためにも、まずは長く社会で生き残り、認められている伝統宗教に触れておきましょう。

目には見えないが確実に存在する場所

私の母は2010年7月27日に死を迎えました。死因は肝炎ウイルスの急性憎悪。死の数時間前までは意識もしっかりしていましたが、数日前から寝返りができなくなり、腹水がたまっていました。看護学校を中退していて基本的な医療知識がある母は、自分の状況についてある程度は理解していたと思います。

その病床で、母はしきりに臨死体験について語っていました。

それ以前の2004年春、母は悪性リンパ腫を発症し、敗血症を起こして生死の間をさまよいました。血圧は50台まで下がり、医師から「助けられないかもしれない」と告げられたのです。幸い、そのときは化学療法が効いて意識が回復し、2カ月ほどののち退院することができました。

意識が回復して最初に母が話したのは、不思議に鮮明な夢のようなものを見たということでした。

私の母は沖縄出身で、米軍の激しい攻撃のなかで九死に一生を得るという経験をしていました。その母の両親、すなわち私の祖父母と沖縄戦で死んだ姉、友人、日本軍の将兵などの顔が、夢でブドウの房のように並んでいたというのです。

そして母に「まだここに来るのは早い」など、いろいろ話しかけてきたそうです。私は「きっと、母は本か何かで読んだ物語を脳内で変容して語っているんだろう」とまともに取り合いませんでした。

ところが、治療を終えて家に帰ってきた母に変化が生じました。母が陸軍軍属として沖縄戦に従軍したのは女学校の14歳のときでしたが、そのときの体験について日付や固有名詞まで、それは事細かに語りだしたのです。「夢でいろんな人に会って、鮮明に記憶がよみがえった」と話していました。

母は臨死体験をして、あの世の入り口を覗いてきたのか？　あるいは、死を前にして脳の無意識だった領域が活性化したのか？　いずれにしても、母が死線をさまよった際に、〝目には見えないが確実に存在する場所〟を訪れたことは間違いないように思います。

亡くなる直前、その体験を再び語る母には、死に対する恐怖は見られませんでした。むしろ懐かしい場所に帰るという気持ちが強かったようです。

合理的思考の外側にあるもの

目に見えるもの、物理的な現象を絶対的なものとしてそれ以外を捨て去ることは、現代社会を生き抜くうえでは有効で有益なことかもしれません。就学から就労に至るまでの選別の過程においては、常に合理的で合目的的な思考と行動が求められます。

元気に働き、現代社会の仕組みにがっちり組み込まれているうちはいいでしょう。しかし、誰もがいずれその仕組みやシステムから外れるときが来ます。そして体も衰え、誰にでも訪れるのに誰もその実体を見たことがないという「死」が近づいてきます。

目に見えることばかりに重点を置きすぎていると、死のような不条理で説明しがたい現実を前にしたとき、どうすることもできないことになりかねません。

目に見えないものの存在、目に見えないものの価値を見直すことが、孤独で不安な還暦以降を前向きなものにする一番のポイントではないでしょうか。

目に見えないものは、ある人にとっては神であるかもしれません。ある人にとっては運命や必然の流れであり、ある人にとっては自然の掟や定めのようなものかもしれない。あるいは人と人をつなぐ出会いや縁のようなものであり、友情や愛のような心の姿かもしれません。

形にならないもの、数字やもので置き換えられないもののリアリティを取り戻すことが、人生そのものを豊かにする最大の力なのだと考えます。

付　録

佐藤優 × 池上彰

リタイア後、「悪くない仕事人生だった」と言えるかどうか

生きることと働くことは切り離せないものだとすれば、いい人生だったと言えるためには、いい形で仕事人生を終えることが必要になってきます。元NHK記者で現在は著作やメディアで活躍する池上彰さんと佐藤優さんが、組織の不条理さ、個人の能力と働き方の関係、仕事人生を全うするための考え方などについて語りました。（編集部）

池上 彰（いけがみ あきら）

1950年長野県生まれ。慶應義塾大学経済学部を卒業後、NHKに記者として入局。松江放送局、広島放送局呉通信部などで勤務。79年より東京放送局報道局社会部に異動し警視庁・気象庁・文部省（現、文部科学省）・宮内庁などを担当。94年から11年間にわたり『週刊こどもニュース』のお父さん役として活躍。2005年に同社を退職し、フリージャーナリストに。現在は名城大学教授、東京工業大学特命教授、東京大学客員教授。『伝える力』（PHPビジネス新書）、『そうだったのか！現代史』（集英社文庫）、『わかりやすさの罠』（集英社新書）など著書多数。

NHK記者時代、外務省時代の働き方

佐藤 池上さんはNHKに入局されて、最初はどういうふうに教育されました? 私が今でもはっきり覚えているのは1985年5月1日、4月に研修が終わって初めて外務省の部署に配属されたとき、最初に上司に言われた言葉が「君たちの仕事は簡単だ。朝部屋のカギを開けて、夜部屋のカギを閉める。その間、先輩に言われたことをこなすだけだよ」と。それが朝8時45分に来て、次の日の朝の4時までいなければいけないということに気がつくのに、3日くらい必要だった。

池上 先輩の言うことは間違っていない。たしかに簡単だ(笑)。

佐藤 もっとひどいのが、ある課長補佐が深夜1時くらいに極秘の資料を140枚くらい持ってきて、明日の朝一番で必要だから40部コピーしろと。ソ連課のソーターは信用できないから、1枚1枚確認しながら手でコピーするようにというのです。それで、朝5時くらいまで必死にコピーを取ったら、次の日、「あれはもういらなくなった。極秘文書だからシュレッダーで全部処分するように」。これにはさすがに頭にきましたね。

池上　霞が関は独特ですね。不条理のかたまりですから。でも組織というのは本来、不条理なところがあるものです。

佐藤　結局、通過儀礼みたいな部分もあったと思います。政治とのからみもあるから役所は不条理なことばかりでしょう。合わない人は早めに別の道に行ったほうが本人のためにも、まわりのためにもいい。

池上　私の場合、最初はよかった。小さな町の通信部を希望したんですが、そんなところを希望する人間なんていません。だから人事は喜んで通信部にしてくれた。松江放送局のあとは広島放送局の呉通信部だったのですが、上司とのやりとりは電話だけで、現場の仕事は自分一人。上司や先輩に気を使う必要はなかったから、精神衛生上、非常によかった。

佐藤　いいですね。実は私も研修後はソ連のナホトカ勤務を希望したんです。船で3日くらいかかって行く。医者もいないし病気になったら死ぬかもしれないほどの辺境です。外交団も、日本以外は北朝鮮の経済代表部があるだけ。そこの人たちとは口をきいてはいけないことになっていたから、だれも外国人がいないのと同じ。ゆっくり本が読めるかなと思って（笑）。ところが結局モスクワに残された。

池上　私の場合はその後、社会部で警視庁捜査一課担当になってからが地獄でした。捜査本部のその日の捜査が終わり、捜査会議が終わるのが夜の10時。それから彼らは一杯飲んで終電で帰る。午前1時くらいですよ。それをこちらは待ち伏せる。家の前で待つと他社に気づかれるので、途中の住宅街の電柱の陰に隠れて待つ。パトカーが来て職務質問されたりしたこともありました。そんなことを1年365日のうち、360日繰り返す。家に帰って寝るのは深夜3時。ところが朝5時に「特ダネを抜かれている、今すぐ追いかけろ」と社から電話がかかってくる。こういうことを2年間やったら、世の中につらい仕事はなくなりましたね。

〝ブラック〟と〝教育熱心〟の境界線

佐藤　私も若いころはけっこう働きましたね。やはり同じように勝負は最初の1、2年。そこで必死で身につけた語学力って、あとになって効いてくる。夜9時にロシアのニュースがあるんですが、その15分間のニュースの内容をテープで録音し、翻訳して報告書を上げろと。最初は意地悪じゃないかと思いましたね。だってしっかり訳したら朝の4時、5時にはなるんです。間違えると怒られ、直され、もう一度やり直す。そんなことを毎日続けたら、超過勤務が300時間を超える。でもこんなシゴキに近いことがあるからこそ、語学力は一気に伸びましたよ。

池上 若いころというのがポイントですね。私も社会部で数年間頑張れば、その先にいいことがあるという目安があるからできた。あの生活をずっと続けろと言われたら、私はとっくに辞めていたと思います。

佐藤 外務省もスタートダッシュの5年間で、ある程度勝負が決まってしまうところがありますね。ある程度力をつけて主要国の忙しい大使館に行くのか、それとも小さな

国でゆったりと仕事をするのか。小さな国を転々とするのを外交官の間では〝人工衛星〟というのですが、東京や大国の大使館にはなかなか戻って来られない。もちろん、そうやって出世はしないが、マイペースで仕事をするという選択もあるわけです。

池上 NHKの記者の場合もまず全員が最初は地方勤務をする。そこで目をかけられると5年、6年で東京に戻ってきます。これが一次選抜。そこから漏れるともう一度、別の地方を回る。で、30歳を過ぎて東京に戻ってきても、政治部、社会部、経済部には回されません。一次選抜で東京に戻っても、ダメなら2、3年で別の部署へ異動する。6年社会部にいられれば社会部としては合格で、その後地方へ行っても、古巣に戻ってくることがほぼ保証されている。

佐藤 徹底的に働く。これは自分自身がある程度のレベルに達するまでは、やっぱり必要なことだと思う。「鉄は熱いうちに打て」という言葉がありますが、昔は若いうちに徹底的に鍛えるという風潮があった。

池上 教育しようという意図があるかどうかということだと思います。それがなくて単なるイジメや搾取の場合には、ブラック企業だと考えていいですね。

佐藤 実は、シゴキの基本形は旧日本陸軍内務班なんです。内務班というのは兵卒の居住単位で、寝食をともにしながら、上級兵が初年兵をそれこそ箸の上げ下ろしから、つきっきりで教育する。徹底的にシゴかれますが、年次が上がればそこから抜けられる。だからみんな我慢できるわけ。

池上 ただ、今は難しいでしょうね。下手にスパルタをやるとパワハラ、ブラックだと言われる。そうなると、面倒だから教育もしないという風潮になってきている。

佐藤 そこがとても危険ですね。少し厳しいからといって、すぐブラック企業呼ばわりするのはどうかと思う。長い目で見れば、鍛えられないまま、取り返しのつかない年齢に達してしまうという点で、そちらのほうが怖い。

池上 むしろ若手の教育に真剣に向き合っている企業の可能性もありますね。鍛えて伸ばそうということで、あえて新人や若手にある時期、厳しく当たる会社もある。

佐藤 厳しく指導されたときは、それが単なるイジメや搾取ではなく、その背景に教育的な配慮があるかどうかが大事。先輩に仕事ができる人がいて、しっかりそういう人が出世して、それなりの立場で頑張っている。そういう人がいるなら、教育的な指導だといえるでしょう。

池上 その厳しさが自分だけではないというのもポイントですね。夜回りなどは記者なら誰もが体験することです。それが当然だと考えていましたから。

佐藤　その厳しさが一定の期間だけなのか、ずっと続いていくかどうかということも見極めるポイントの一つ。先ほども触れた旧陸軍の内務班だって、初年兵こそ大変ですが、その時期を抜けたら状況は変わるわけですからね。

池上　記者の「夜討ち朝駆け」のようなほとんど睡眠時間がない仕事も、それが何年かしてデスクになったり部署が替わったりすれば、仕事の内容が変わる。それがあればこそ耐えられることなんです。

佐藤　外務省も最初の数年間は本当にぼろ雑巾のようにコキ使われます。でもそれは外務省の風習のようなもの。研修期間と、最初の霞が関勤務までの数年間だけなんです。そこから大使館や総領事館に派遣されると、一転、不条理なシゴキはなくなります。

池上　それはやはり教育的な意味合いで、あえて厳しくしていたわけですね。

〝収入の複線化〟が立場を強くする

佐藤　一方で、日本は労働生産性が低いとよくいわれますね。かつて「イギリス病」といわれ、仕事をしない国民といわれた時代に、私はイギリスにいたことがあります。日本がまだ週休2日ですらなかった時期に、彼らは週休2日、プラス水曜日は午前中だけ仕事。だけど勤務時間中の集中力がすごい。ぼんやり座っているだけとか、雑談している人なんていません。

池上　ある番組で、ドイツ人の働き方を調べたことがあります。そうしたら、朝9時きっかりにパソコンを立ち上げて、12時までずっと集中して働く。12時になったら午後1時までは食事の時間。きっかり1時に仕事に戻ると、また夕方5時までは一心不乱に仕事をする。その間お茶を飲んだり新聞を読んだりはいっさいありません。そのかわり残業はまったくしない。

佐藤　彼らは、自分の時間を売っているという感覚がすごく強いんです。自分の時間を守るためにも、定時までで仕事をすべて終わらせるように頑張る。むしろ日本人の働き方は旧ソ連に近い。旧ソ連でも出社するとまずお茶を飲んでダラダラと仕事を始め、昼は2時半くらいに戻ってきて5時には帰る。ゆるく仕事をする感じがいっしょですね。そこまでではないにしても、日本人はもっと生産性を高めないと。

池上　つまり、それは自分の時間を大事にすることでもあるわけですね。自分の時間ができれば、副業をするなどして退職に向けて収入の複線化を図ることができる。給与以外の収入もあれば、いざというとき会社に対して臆することがなくなります。

佐藤　池上さんもNHK在職中に本を書かれていますね。

池上　そうですね。本を書くようになって、結局本を書く仕事に専念したくてNHKを辞めたわけです。

佐藤　役人の場合、唯一できる副業が本を書くことなんです。本を書くことだけは許可制ではなく届け出制。逮捕されたとき、外務省の身分を失わず、公判を維持するための収入を得る方法が、雑誌や本の原稿を書くことでした。

池上　私の場合も、テレビのコメンテーター専業だとしたら、それが干されたらおしまい

佐藤 だから、どうしてもバランスを取ったコメントをしてしまう。選挙特番で政治家を怒らせてテレビから干されてしまっても、本で食べていけると思っているから辛口で突っ込めるわけです。

佐藤 一般のビジネスパーソンの場合、気をつけなければいけないのは、副業は全体の収入の5％程度までに抑えること。それ以上を稼ごうとすると本業に差し障りが出てくる。定年を迎えたあとの第2の人生に備えて、なにかしら副業を始めておくというのは重要なことです。というのは、会社を60歳で定年になったあと、20年以上の時間がある。そのあと年金だけでやっていける人はほとんどいませんから。

仕事に継続性がある人は幸せ

池上 会社人生を考えたとき、リタイアしたあと、前の職場や自分を全否定しない働き方をすることが大事ではないでしょうか。「結局、そりゃ失敗もいろいろあったし、イヤな思いもいろいろしたけど、全体としてはまあよかったよね」といえるような働き方をしたいものです。

佐藤 よくわかりますね。池上さんはＮＨＫ職員時代の前半と、独立したあとの後半の2

つの時代があって、仕事の方向性に乖離《かいり》がないのは素晴らしいことです。たとえばNHKを辞めたあとにNHKを叩く人、朝日新聞を辞めたあとは朝日新聞を叩くのに残りの人生をかける人がよくいる。それが残りの人生ということになると、「あなたの前半の人生はなんだったの？」っていう話になる。

池上 そう思います。佐藤さんは前半と後半であれだけの〝断層〟があっても、やっぱり外交や国益を一番に考えている。これは大事なことですよ。

佐藤 私もある局面では外務省とケンカしましたが、外務省での経験を全面的に否定しているわけじゃないし、作家としての活動にも生かされている。自分の前半生を否定する人は、後半の人生も否定することになると私は考えます。それはさみしいことです。ロシアのプーチン大統領は、「インテリジェンスの仕事をする者に、元インテリジェンス・オフィサーは存在しない」というのです。つまりその仕事についたら、終生その職業的良心からは離れることはできないのだと。

池上 どんな仕事であれ誠実に向き合った人はそうなるでしょう。そうやって自分の仕事に真摯に向き合えた人こそが、幸せになれるのだと思います。

※本対談は『BIG tomorrow』（２０１７年10月号・青春出版社）の内容を再編集したものです。

青春新書
INTELLIGENCE

こころ涌き立つ「知」の冒険

いまを生きる

"青春新書"は昭和三一年に――若い日に常にあなたの心の友として、その糧となり実になる多様な知恵が、生きる指標として勇気と力になり、すぐに役立つ――をモットーに創刊された。

そして昭和三八年、新しい時代の気運の中で、新書"プレイブックス"にその役目のバトンを渡した。「人生を自由自在に活動《プレイ》する」のキャッチコピーのもと――すべてのうっ積を吹きとばし、自由闊達な活動力を培養し、勇気と自信を生み出す最も楽しいシリーズ――となった。

いまや、私たちはバブル経済崩壊後の混沌とした価値観のただ中にいる。その価値観は常に未曾有の変貌を見せ、社会は少子高齢化し、地球規模の環境問題等は解決の兆しを見せない。私たちはあらゆる不安と懐疑に対峙している。

本シリーズ"青春新書インテリジェンス"はまさに、この時代の欲求によってプレイブックスから分化・刊行された。それは即ち、「心の中に自らの青春の輝きを失わない旺盛な知力、活力への欲求」に他ならない。応えるべきキャッチコピーは「こころ涌き立つ"知"の冒険」である。

予測のつかない時代にあって、一人ひとりの足元を照らし出すシリーズでありたいと願う。青春出版社は本年創業五〇周年を迎えた。これはひとえに長年に亘る多くの読者の熱いご支持の賜物である。社員一同深く感謝し、より一層世の中に希望と勇気の明るい光を放つ書籍を出版すべく、鋭意志すものである。

平成一七年　　刊行者　小澤源太郎

著者紹介

佐藤　優〈さとう　まさる〉
1960年東京都生まれ。作家、元外務省主任分析官。85年、同志社大学大学院神学研究科修了。外務省に入省し、在ロシア連邦日本国大使館に勤務。その後、本省国際情報局分析第一課で、主任分析官として対ロシア外交の最前線で活躍。2002年、背任と偽計業務妨害容疑で逮捕、起訴され、09年６月有罪確定。現在は執筆や講演、寄稿などを通して積極的な言論活動を展開している。

還暦《かんれき》からの人生戦略《じんせいせんりゃく》　　青春新書 INTELLIGENCE

2021年６月15日　第１刷
2021年７月10日　第３刷

著　者　佐《さ》藤《とう》　優《まさる》

発行者　小澤源太郎

責任編集　株式会社プライム涌光
電話　編集部　03(3203)2850

発行所　東京都新宿区若松町12番１号　〒162-0056　株式会社青春出版社
電話　営業部　03(3207)1916　振替番号　00190-7-98602

印刷・中央精版印刷　製本・ナショナル製本

ISBN978-4-413-04622-0